会计基础理论与实践研究

张鹏 著

延吉·延边大学出版社

图书在版编目（CIP）数据

会计基础理论与实践研究 / 张鹏著. -- 延吉 : 延边大学出版社, 2024. 7. -- ISBN 978-7-230-06790-4

Ⅰ. F230

中国国家版本馆CIP数据核字第20243GU775号

会计基础理论与实践研究

著　　者：张　鹏	
责任编辑：李佳奇	
封面设计：文合文化	
出版发行：延边大学出版社	
社　　址：吉林省延吉市公园路 977 号	邮　编：133002
网　　址：http://www.ydcbs.com	E-mail：ydcbs@ydcbs.com
电　　话：0433-2732435	传　真：0433-2732434
印　　刷：廊坊市广阳区九洲印刷厂	
开　　本：710 毫米 ×1000 毫米　1/16	
印　　张：13.25	
字　　数：300 千字	
版　　次：2024 年 7 月第 1 版	
印　　次：2024 年 7 月第 1 次印刷	
书　　号：ISBN 978-7-230-06790-4	
定　　价：78.00 元	

前　言

在浩瀚的商业海洋中，会计与财务管理犹如两盏明灯，为企业的航行指引方向，确保其在波涛汹涌的市场环境中稳健前行。随着全球经济的不断融合与发展，企业经营活动的复杂性与日俱增，对会计信息的精准性、及时性和全面性提出了更高的要求。本书旨在为读者构建一个系统、全面且实用的知识体系，帮助初学者及从业人员深入理解会计与财务管理的核心理论、实践技能及其在现代企业管理中的重要作用。

本书系统地覆盖了会计与财务管理的核心领域，从会计的基本概念、要素、等式出发，深入探讨了不同种类的会计凭证及其传递与保管、会计账簿的基本概念和实际应用以及财务报告的编制与分析等关键流程，为读者构建了扎实的会计知识基础。同时，财务管理部分则详细阐述了筹资、投资、营运资金、分配与预算等管理策略，以及财务控制与财务分析的方法，帮助读者理解并掌握企业资金运作的全貌。此外，本书还强调了财务报表分析的重要性，通过教授财务比率分析等技巧，使读者能够洞察企业运营状况与未来趋势。整体而言，本书旨在培养读者的会计实务操作能力和财务管理思维，为其在复杂多变的商业环境中做出明智决策提供支持。

本书撰写参考了大量文献资料和研究成果，在此表示真诚的感谢。由于笔者水平有限，本书难免存在不妥甚至谬误之处，敬请广大学界同仁与读者朋友批评指正。

目 录

第一章 会计概述 ……………………………………………………… 1

第一节 会计对象 …………………………………………………… 1

第二节 会计要素 …………………………………………………… 3

第三节 会计等式 …………………………………………………… 7

第四节 会计科目与账户 …………………………………………… 11

第五节 会计方法 …………………………………………………… 21

第二章 会计凭证 ……………………………………………………… 23

第一节 原始凭证 …………………………………………………… 23

第二节 记账凭证 …………………………………………………… 30

第三节 会计凭证的传递与保管 …………………………………… 37

第三章 会计账簿 ……………………………………………………… 39

第一节 会计账簿概述 ……………………………………………… 39

第二节 总分类账与明细分类账的平行登记 ……………………… 53

第三节 错账的更正方法 …………………………………………… 57

第四节 对账与结账 ………………………………………………… 61

第五节 会计账簿的更换与保管 …………………………………… 66

第四章 财务报告 ……………………………………………………… 68

第一节 财务报告概述 ……………………………………………… 68

第二节　资产负债表 ··· 71

   第三节　利润表 ··· 77

   第四节　现金流量表和所有者权益变动表 ····················· 83

   第五节　财务报表附注 ·· 87

第五章　会计财务管理 ··· 89

   第一节　财务管理概论 ·· 89

   第二节　筹资与投资管理 ······································· 111

   第三节　营运资金管理 ··· 141

   第四节　分配与预算管理 ······································· 155

   第五节　财务控制与财务分析 ·································· 174

第六章　财务报表分析 ··· 188

   第一节　财务报表分析与作用 ·································· 188

   第二节　财务报表分析的程序与基本方法 ······················ 189

   第三节　利用财务比率进行各种能力分析 ······················ 192

参考文献 ··· 201

第一章 会计概述

第一节 会计对象

一、会计对象的定义

会计对象是指会计所核算和监督的内容,即会计工作的客体。会计需要以货币为主要计量单位,对一定会计主体的经济活动进行核算和监督,因而会计并不能核算和监督社会再生产过程中的所有经济活动。凡是特定主体能够以货币形式表现的经济活动,都是会计核算和监督的内容,也就是会计对象。以货币形式表现的经济活动通常又称为价值运动或资金运动。单位不同,组织形式和经济活动的内容不同,会计对象的特点也不同。

二、会计对象的描述

(一)会计对象的抽象描述

会计对象的抽象描述,是指能用货币表现的经济活动,即价值运动或资金运动。资金是指能用货币表现的财产物资,它不是静态的,而是不断变化的。资金运动主要有以下三种表现形式:

资金进入企业:企业通过吸收投资、银行借入、发行股票或债券来筹集资金。

资金在企业中的周转:企业用货币资金购买材料,形成储备资金。工人利用自己的生产技术,借助机器设备对材料进行加工,发生的耗费形成生产资金。产品完工后,形成成品资金。将产品销售,收回货款,得到新的货币资金。整个周转过程表现为：货币资金→储备资金→生产资金→成品资金→新的货币资金。

资金退出企业：企业偿还银行借款、上缴税金和分派利润或股利。

（二）会计对象的具体描述

把会计的对象描述为资金运动，这是很抽象的。会计核算和监督的内容应该是详细、具体的，这就要求我们必须把企业的资金运动进行若干次分类，使之具体化。对资金运动进行的分类，得到的就是会计要素；对会计要素进行的分类，得到的就是会计科目。根据我国《企业会计准则》的规定，我国企业的资金运动分成六大要素，即资产、负债、所有者权益、收入、费用和利润，而每一会计要素又可分成若干会计科目。

三、不同企业的会计对象

（一）制造业企业的会计对象

制造业企业的资金，在生产经营过程中，从货币资金出发，依次经过供应、生产和销售过程，分别表现为储备资金、生产资金、成品资金等不同形态，最后又回到货币资金形态。这一资金运动的变化过程，称为资金循环；资金周而复始地不断循环，称为资金周转。

（二）商品流通企业的会计对象

商品流通企业的经营活动过程，主要包括商品购进和商品销售两个环节。商业企业的资金以"货币资金—商品资金—货币资金（增多的）"的形式，周而复始地循环。商品流通企业在商品购销活动中，会发生支付职工薪酬及经营费用、货款结算、成本计算、上缴税金、利润分配等经济业务，这些都是商品流通企业会计要反映和监督的内容，即商品流通企业会计的对象。

（三）行政事业单位的会计对象

行政事业单位的经济活动，一方面通过预算内（外）收入取得货币资金，另一方面通过发生预算内（外）支出，以货币资金支付各种行政费用和业务费用。行政事业单位经济活动中发生的预算内（外）财务收支活动，就是行政事业单位的会计对象。

第二节 会计要素

会计要素是对会计对象进行的基本分类，是会计核算对象的具体化，是用于反映会计主体财务状况和经营成果的基本单位。会计要素是指会计对象是由哪些部分构成的，按照交易或事项的经济特征进行的基本分类，也是指按经济性质对会计对象进行的基本分类，是会计核算和监督的具体对象和内容，是构成会计对象具体内容的主要因素，也是构成会计报表的基本要素。

《企业会计准则》将会计要素分为资产、负债、所有者权益（股东权益）、收入、费用（成本）和利润六个会计要素。其中，资产、负债和所有者权益三项侧重反映企业的财务状况，构成资产负债表要素；收入、费用和利润三项侧重反映企业的经营成果，构成利润表要素。会计要素是会计对象的具体化，是会计基本理论研究的基石，更是会计准则建设的核心。

一、资产、负债及所有者权益

（一）资产

资产是指过去的交易或事项形成的并由企业拥有或控制的，预期会给企业带来经济利益的资源。资产可以具有实物形态，如房屋、机器设备、现金、商品、材料等；也可以不具备实物形态，如以债权形态出现的各种应收款项，以特殊权利形态出现的专利权、商标权等无形资产。资产按其流动性可以分为流动资产与非流动资产。

流动资产是指在一年或者超过一年的一个营业周期内变现或耗用的资产，包括库存现金、银行存款、应收及预付款项、存货等。

非流动资产（一般）是指不符合流动资产定义的资产，或者是超过一年变现、耗用的资产，通常包括长期投资、固定资产、在建工程、无形资产和其他财产。长期投资是指不准备在一年内变现的投资。固定资产是指使用年限在一年以上，单位价值在规定标准以上，并在使用过程中保持原来物质形态的资产，包括房屋、建筑物、机器设备、运输设备、工具器具等；无形资产是指企业为生产商品或者提供劳务、出租给他人，或为管理而持有的、没有实物形态的、可辨认的非货币性长期资产，包括专利权、商标权、著作权等。

综上所述，资产的特征是很明显的。第一，资产必须是企业拥有或控制的。拥有是指拥有产权（所有权），控制是指虽然没有产权，但有支配使用权，如从银行取得借款存在自己的账户上，应该列入本企业的资产。第二，资产是能为企业带来经济利益的资源，它的形态各异，但都能够给企业带来经济利益。第三，资产是过去的交易或事项形成的，未来的交易可能形成的资产不能加以确认。第四，它必须能以货币计量，不能以货币确认和计量其价值的不能作为资产。

（二）负债

负债是过去的交易或事项形成的，预期会导致经济利益流出企业的现时义务。它可分为流动负债和非流动负债。

流动负债也叫短期负债，是指将在一年或者超过一年的一个营业周期内偿还的债务，包括短期借款、应付票据、应付账款、应付职工薪酬、应交税费、应付利润、预提费用等。

非流动负债是指偿还期在一年或者超过一年的一个营业周期的债务，包括长期借款、应付债券等。

综上所述，负债的特征表现为：第一，负债是过去的交易或事项形成的现时义务，未来发生的交易或事项形成的义务，不属于现时义务，不应当确认为企业的负债。第二，偿还义务的履行会导致经济利益流出企业。

（三）所有者权益

所有者权益是指所有者在企业资产中享有的经济利益，是企业资产扣除负债后，由所有者享有的剩余权益，包括企业投资者对企业投入的资本以及在经营中形成的留存收益。投入资本就是投资者实际投入企业生产经营活动的各种财产物资。留存收益则是企业在经营活动中所产生的资本增值额，包括盈余公积和未分配利润。

综上所述，所有者权益的特征表现为：第一，所有者仅对企业的净资产享有所有权，净资产是资产减去负债后的余额。第二，所有者权益不是一个独立的要素，其非独立性表现为所有者权益金额的确认、计量需要依赖于资产和负债。

权益包括债权人权益和投资者提供的以投资方式形成的所有者权益。在概念上，权益有广义和狭义之分。广义的权益包括负债（债权人的权益）和所有者权益。狭义的权益是指"资产或资产股权超过一切债务的净值"，即所有者权益。负债与所有者权益虽然都是资产的来源，却是两个不同的概念。负债是一项债务责任，只有通过偿还才能取消，或者用新的负债来代替旧的负债。负债反映的是企业作为债务人与债权人之间的关系，形成企业的债务资本。所有者权益反映的则是企业的产权关系，即企业净资产归谁所有，形成的是永久性资本。

二、收入、费用与利润

企业的生产经营活动都是以盈利为目的的，盈利就是企业通过一定的经济活动取得的利润，企业在经营过程中取得的收入减去相应的成本和费用后的余额，也可以说是企业一定会计期间的经营成果。在会计学中，收入与费用是围绕着利润而产生的相互关联的两个概念，它们之间的逻辑关系及数量关系是：

利润=收入–费用

企业要通过支付一定的费用才能得到收入，而支付费用的目的就是取得收入。

（一）收入

收入是企业在日常活动中发生的、会导致所有者权益增加的、与所有者投入资本无关的经济利益的总流入。不是所有的经济利益流入都是收入，它是与费用相对应的概念。企业取得收入意味着，或者增加了资产或者减少了负债或者二者兼而有之，但不论是增加资产，还是减少负债，都表明经济利益流入企业。而经济利益流入企业，形成利润，利润分配后最终会增加所有者权益。对企业来说，收入是补偿费用、取得盈利的源泉，是企业经营活动取得的经营成果。企业的收入包括销售商品收入、提供劳务收入和让渡资产使用权的收入。

收入的特征表现为：第一，收入是指企业在日常活动中产生的经济利益流入，偶然活动产生的经济利益流入只能形成利得，不是这里所讲的收入。第二，形成经济利益的流入，也就是说日常活动能够形成企业实实在在的经济利益，如果形成的只是名义上的经济利益，就不能确认为收入。第三，收入的形成会导致所有者权益增加，但这里的所有者权益增加不是由投资者的投资形成的，而是由利润形成的。

（二）费用

费用是指企业在日常活动中发生的、会导致所有者权益减少的、与向所有者分配利润无关的经济利益的总流出。不是所有的经济利益流出都是费用，它是与收入相对应的概念，也可以说是企业为取得收入而付出的代价。费用有多种表现形式，但从本质上说，都是资产的转化形式，是企业资产的耗费。

费用的特征表现为：第一，费用是为取得收入而付出的一种代价，因此费用的确认应与收入进行配比确定，配比的方式有直接配比和间接配比两种。第二，费用表现为企业经济利益的流出，或者说是企业收入的一种扣除。第三，费用是补偿尺度，即从收入中分出多少来补充经营耗费，保证经营按原有规模进行。第四，费用会导致所有者权益减少。

（三）利润

利润是指企业在一定会计期间的经营成果，全部收入与全部费用相比较的结果就是利润（如果是负数就是亏损）。也可以说，利润是通过会计方法计算出来的企业在一定会计期间内生产经营的财务成果，是收入与费用相抵后的盈余，它不是一个独立的要素，其计量需要依靠收入和费用。由此可见，收入、费用是影响企业利润的主要因素。企业通过销售商品或提供劳务，以现金或者应收账款的形式，从客户处获得收入，会引起企业资产的增加或负债的减少，当然也会引起所有者权益的增加。企业要想获得收入，就需要支付费用，费用都必须由收入来补偿，从而导致收入的减少。费用与资产有着密切的关系，将经营过程作为一个动态过程来看，一切费用都可以视为一瞬间的资产，而取得资产也是为了获得收入，一旦资产投入使用，就从资产形态一次或者多次转变为费用形态。利润可以理解为企业净资产的增加额，即所有者权益的增加额。收入的实现最终会导致所有者权益的增加，费用的发生最终会导致所有者权益的减少。

收入与利得的区别：收入强调日常所得，且与所有者投入无关，是总流入。利得不同于收入，利得是净流入，利得可能计入所有者权益，可能计入当期损益（营业外收入/支出），也可能影响营业利润。

第三节 会计等式

一、会计等式的含义

会计等式也称为会计平衡公式、会计方程式，是指表明各会计要素之间基本关系的恒等式。会计对象可概括为资金运动，具体表现为会计要素，每发生一笔经济业务，都是资金运动的一个具体过程，每个资金运动过程都必然涉及相应的会计要素，从而使全部资金运动所涉及的会计要素之间存在一定的相互联系，会计要素之间的这种内在关系可以通过数学表达式予以描述，这种表达各会计要素之间基本关系的数学表达式就叫会计等式。

（一）基本会计等式

企业要从事生产经营活动，一方面，必须拥有一定数量的资产，这些资产以各种不同的形式分布于企业生产经营活动的各个阶段，成为企业生产经营活动的基础。另一方面，这些资产要么源于债权人，从而形成企业的负债；要么源于投资者，从而形成企业的所有者权益。由此可见，资产与负债和所有者权益，实际上是同一价值运动的两个方面，一个是"来龙"，一个是"去脉"。因此，这两方面之间必然存在着恒等关系，也就是说，一定数额的资产必然对应着相同数额的负债与所有者权益，而一定数额的负债与所有者权益也必然对应着相同数额的资产。这一恒等关系用公式表示出来就是：

资产＝负债＋所有者权益

这一会计等式是最基本的会计等式，也称为静态会计等式、存量会计等式，既表明某一会计主体在某一特定时点所拥有的各项资产，同时也表明这些资产的归属关系。会计等式是设置账户、复式记账以及编制资产负债表的理论依据。

（二）经济业务的发生对基本会计等式的影响

1. 经济业务的类型

企业在生产经营过程中，不断地发生各种经济业务。这些经济业务的发生会对相关会计要素产生影响，但不会破坏上述等式的恒等关系。

发生经济业务，导致资产项目此增彼减，但增减金额相等，故等式保持平衡。

发生经济业务，导致负债项目此增彼减，但增减金额相等，故等式保持平衡。

发生经济业务，导致所有者权益项目此增彼减，但增减金额相等，故等式保持平衡。

发生经济业务，导致负债项目增加，而所有者权益项目减少，但增减金额相等，故等式保持平衡。

发生经济业务，导致所有者权益项目增加，而负债项目减少，但增减金额相等，故等式保持平衡。

发生经济业务，导致资产项目增加，而同时负债项目也增加相同金额，故等式保持平衡。

发生经济业务，导致资产项目增加，而同时所有者权益项目也增加相同金额，故等式保持平衡。

发生经济业务，导致资产项目减少，而同时负债项目也减少相同金额，故等式保持平衡。

2. 各类经济业务对基本会计等式的影响

通过上述分析，我们可以得出下列结论：

一项经济业务的发生，可能仅涉及资产与负债和所有者权益中的一方，也可能涉及双方，但无论如何，结果一定是基本会计等式的恒等关系保持不变。

一项经济业务的发生，如果仅涉及资产与负债和所有者权益中的一方，那么既不会影响双方的恒等关系，也不会使双方的总额发生变动。

一项经济业务的发生，如果涉及资产与负债和所有者权益中的双方，虽然会影响双方的恒等关系，但会使双方的总额发生同增或同减的变动。

（三）动态会计等式

企业的目标是从生产经营活动中获取收入，实现盈利。企业在取得收入的同时，必然要发生相应的费用。将一定期间的收入与费用相比较，收入大于费用的差额为利润；反之，收入小于费用的差额为亏损。因此，收入、费用和利润三个要素之间的关系可用公式表示为：

收入−费用=利润

这一等式也称为第二会计等式、增量会计等式，反映了企业某一时期收入、费用和利润的恒等关系，表明了企业在某一会计期间取得的经营成果，是编制利润表的理论依据。

（四）扩展的会计等式

企业的生产经营成果必然影响所有者权益，即企业获得的利润会使所有者权益增加，资产也会随之增加；企业发生亏损会使所有者权益减少，资产也会随之减少。因此，企业生产经营活动产生收入、费用、利润后，基本会计等式就会演变为：

资产=负债+所有者权益+利润=负债+所有者权益+（收入−费用）

或：

资产+费用=负债+所有者权益+收入

我们将这一等式称为扩展的会计等式。下面，我们来分析企业经济业务的发生对该等式的影响。

企业收入的取得，或者表现为资产要素和收入要素同时、同等金额的增加，或者表现为收入要素的增加和负债要素同等金额的减少。结果，等式仍然保持平衡。

企业费用的发生，或者表现为负债要素和费用要素同时、同等金额的增加，或者表现为费用要素的增加和资产要素同等金额的减少。结果，等式仍然保持平衡。

在会计期末，将收入与费用相减，得出企业的利润。在按规定程序分配利润以后，留存企业的部分（包括盈余公积金和未分配利润）转化为所有者权益的增加（或减少）。同时，要么是资产要素相应增加（或减少），要么是负债要素相应减少（或增加）。结果，等式仍然保持平衡。

由于收入、费用和利润这三个要素的变化实质上都可以表现为所有者权益的变化，因此上述三种情况都可以归纳到前面我们总结的八种业务类型中。也正因为如此，上述扩展的会计等式才会始终保持平衡。

以上分析说明，资产、负债、所有者权益、收入、费用和利润这六大会计要素之间存在着一种恒等关系。会计等式反映了这种恒等关系，因此它始终成立。任何经济业务的发生都不会破坏会计等式的平衡关系。

二、会计对象具体内容之间的相互关系

会计对象的具体内容是由资产、负债、所有者权益、收入、费用和利润六大要素组成的，它们是资金运动的具体体现。资金运动同其他一切运动一样，总是具有两种形式，即相对静止状态和显著变化过程。

相对静止状态即静态——资金运动在某一瞬间相对静止的状态——表现出资金运动在某一时点上停留的状态，它是企业单位经营活动的成果在资金方面的表现，因而反映了企业单位的财务状况。这种状况反映出资金的双重存在，一方面表现为特定的物质存在，即价值自然属性的体现；另一方面，它又表现为相应的要求权，即为谁所有，是价值社会属性的体现。资产是用来描述价值的物质存在形式的，它是资金的事物存在形态；负债和所有者权益是描述资金所有权关系的，即企业单位的资产一部分归债权人所有，其余归投资人所有，也就是说，负债和所有者权益是反映资产价值的来源渠道。

资金运动的显著变化过程表现为资金的投入、退出，以及资金在循环周转过程中引起的资金的耗费与收回，收回的资金与耗费的资金相比后，表现为企业经营活动的成果。收入、费用和利润是企业一定时期经营活动结果的体现，它们反映企业资金运动显著变化的情况。情况即动态——资金运动在某一时期显著变化的过程，表现出资金在运动过程中变化的情况。

资金运动的静态表明资金运动增减变动的结果，而资金运动的动态则是表明资金运动增减变动的原因。会计既从资金运动的静态——资金运动的横断面进行反映，又从资金运动的动态——资金运动的纵剖面来反映，这样就可以反映整个资金运动过程，也就可以把资金运动的来龙去脉淋漓尽致地反映出来。

第四节 会计科目与账户

一、会计科目

（一）会计科目的定义

在会计核算系统不断地收集、输入、加工、转换、输出会计信息的过程中，一个非常重要的问题就是信息分类。从管理学的角度来看，分类是管理的基础，或者说分类是管理的一种手段。现在的社会是一个信息化社会，涌现出各式各样的经济活动信息，企业只有通过分类才能进行管理，才能抓住信息特征，将其转换为会计信息。

会计科目是对会计要素的具体内容进行分类核算的标志或项目。对会计对象进行分类，得到会计要素，包括资产、负债、所有者权益、收入、费用、利润等；对会计要素进行分类，形成的具体项目称为会计科目。在企业进行生产经营活动的过程中，会计要素的具体内容必定会发生数量、金额上的增减变动。例如，用银行存款购进原材料，原材料增加导致银行存款减少，使得资产要素的具体构成发生变化；用银行存款偿还前欠应付账款，应付账款的减少与银行存款的减少同时发生，使得资产与负债两要素数量同时减少；等等。

企业的经济活动纷繁复杂，所引起的各个会计要素内部构成以及各个会计要素之间的增减变化也错综复杂，并表现为不同的形式。有些业务可能多次、简单地重复，有些业务则是偶然发生；有些业务的发生很有规律，有些业务的发生没有规律；有些业务可能会引起会计恒等式两边同时发生变化，有些业务则只是在某一会计要素内部构成中引起增减变动。为了对会计对象的具体内容进行会计核算和监督，需要根据其特点，分门别类地确定项目。会计要素反映的经济内容有很大的不同，在经营管理中当然也会有不同的要求。在会计核算中，不仅要按照各会计要素的不同特点，还应该根据经济管理的要求进行分类别、分项目核算。

设置会计科目，就是根据会计对象的具体内容和经济管理的要求，事先规定分类核算的项目或标志的一种专门的方法。设置会计科目，可以对纷繁复杂、性质不同的经济业务进行科学的分类，可以将复杂的经济信息变成有规律的、易识别的经济信息，并为将其转换为会计信息准备条件。在设置会计科目时，需要将会计对象中具体内容相同的归为一类，设立一个会计科目，凡是具备这类信息特征的经济业务，都应该在这个科目下进行核算。从信息分类的角度来看，设置会计科目是对性质相同的信息给予约定的代码。例如，根据资产会计要素的特征以及经济管理的要求，可以设置"固定资产""无形资产""库存现金""银行存款""原材料"等会计科目，这样才能对资产会计要素的具体内容进行核算。在设置会计科目时，要为每一具体的类别规定一个科目名称，并限定该科目名称下所包括的内容，确定这个会计科目的内涵与外延。例如，企业的货币资金是一种资产，但是它的保管及收付方式不一样，因此可以将其划分成两个类别：银行存款和库存现金。设置两个会计科目，其中"银行存款"科目核算企业存放在银行款项的存入、支取及结存情况，"库存现金"科目则核算企业库存现金的收付与结存情况。可见，会计科目是对会计要素的具体内容进行分类的标志，在每一个会计科目名称的项目下，都要有明确的含义和核算范围。设置会计科目，能够对会计要素的具体内容进行科学分类，为会计信息使用者提供科学、详细的分类指标体系。

（二）设置会计科目的原则

会计科目作为分类信息的项目或标志，必须根据一定的原则来设置。分类是管理的一种形式，分类决定着会计信息的科学性、系统性，从而决定管理的科学性。设置会计科目时，应该遵循以下几项原则：

1.设置会计科目必须结合会计对象的特点

结合会计对象的特点，就是根据不同单位经济业务的特点，本着全面核算其经济业务的全过程及结果的目的来确定应该设置哪些会计科目。这里所说的要结合会计对象的特点，首先是根据不同的行业特点，并在此基础上考虑各自企业的特点。例如，工业企业是制造产品的行业，根据其业务特点，工业企业的会计科目首先应该反映产品的生产过程，在此前提下，再根据企业生产产品的特点及规模决定各个会计科目的具体设置。所以，在成本费用核算方面，工业企业需要设置"生产成本""制造费用"等会计科目。

2. 设置会计科目必须符合经济管理的要求

设置会计科目要符合经济管理的要求，一是要符合国家宏观经济管理的要求，据此划分经济业务的类别，设定分类的标志；二是要符合企业自身经济管理的要求，为企业的经营预测、决策及管理提供会计信息分类项目；三是要符合包括投资者在内的各方对企业生产经营情况的要求。

例如，为了反映企业实收资本的情况，可以设置"实收资本"科目来反映企业实收资本金额数；为了反映企业的债务情况，可以设置"短期借款"和"长期借款"科目来反映企业的债务结构及债务款项。

3. 设置会计科目要将统一性与灵活性结合起来

企业的经济业务千差万别，在分类核算会计要素的增减变动时，要将统一性与灵活性相结合。统一性，就是指在设置会计科目时，要根据中华人民共和国财政部（以下简称财政部）于 2007 年 1 月发布的《企业会计准则应用指南》的要求对一些主要会计科目进行统一的设置，核算指标的计算标准、口径都要统一。灵活性，就是指在能够提供统一核算指标的前提下，各个单位根据自己的具体情况及投资者的要求，设置或者增补会计科目。设置会计科目要贯彻统一性与灵活性相结合的原则，实际上就是保证会计信息的有用性，即决策相关性。在具体工作时，要防止两种倾向：一是要防止会计科目过于简单，过于简单就不能满足经济管理的要求；二是要防止会计科目过于烦琐，如果核算资料超过要求，就会不合理地加大会计核算的工作量。

4. 设置会计科目的名称要简单明确、字义相符、通俗易懂

会计科目作为分类核算的标识，要简单明确、字义相符，这样才能避免误解和混乱。简单明确是指根据经济业务的特点，尽可能简洁明确地规定科目名称；字义相符是指按照中文习惯，能够顾名思义，不至于产生误解；通俗易懂是指要尽量避免使用晦涩难懂的文字，便于大多数人正确理解。会计科目的名称除了要求简单明确、字义相符、通俗易懂，还要尽量采用经济生活中习惯使用的名称，避免引起不必要的误解。

5. 设置会计科目要保持相对稳定性

为了便于在不同时期分析、比较会计核算指标，并在一定范围内汇总核算指标，应保持会计科目相对稳定，不能经常变动会计科目的名称、内容和数量，使核算指标保持可比性。

二、会计账户

（一）设置账户的意义

账户是按照规定的会计科目在账簿中开设的专户。通过账户，企业可以对各项经济业务进行分类、系统、连续的记录。会计科目仅仅是分类核算的项目或标志，核算指标的具体数据资料则要通过账户记录取得。所以，在设置会计科目以后，还必须根据设置的会计科目开设一系列反映不同经济内容的账户，用来对各项经济业务进行分类记录。可见，会计科目就是账户的名称。

（二）账户的格式

作为会计核算对象的会计要素，其数量随经济业务的发生而发生变化，并相应产生变化结果。不论发生何种经济业务，用货币反映时只表现为增加、减少，如用银行存款购买设备，表现为银行存款减少、固定资产增加。为此，用来分类记录经济业务的账户必须确定结构：增加的数额记在哪里，减少的数额记在哪里，增减变动后的结果记在哪里。

采用不同的记账方法，账户的结构是不同的，即使采用同一种记账方法，不同性质的账户结构也是不同的。但是，无论采用何种记账方法，无论是何种性质的账户，其基本结构总是相同的。账户一般可以划分为左右两方，每方再根据实际需要分成若干栏次，用来登记经济业务及其会计要素的增加与减少，以及增减变动的结果。

账户的格式一般应包括以下内容，见表1-1。

表1-1　账户名称

日常	凭证号数	摘要	增加金额	减少金额	余额

账户的名称，即会计科目，说明本账户反映的内容，如"短期借款"账户反映企业向银行借入的期限不超过一年的款项。同时，通过账户所反映的内容，实现对经济业务的分类，如"短期借款""长期借款"账户按照偿还期限的不同对借款进行了分类。

日期和摘要，即记录经济业务的时间和内容。

凭证号数，即账户记录的来源和依据。

增加和减少的金额，即以货币计量反映经济业务的变化。增加额反映向银行借款，如"短期借款"账户记录增加 500 万元，反映企业向银行取得借款 500 万元；减少额反映归还银行的借款，如"短期借款"账户记录减少 200 万元，反映归还银行借款 200 万元。

余额，反映经济业务变化的结果，如"短期借款"账户的余额 300 万元反映期末尚未归还银行的款项。

账户金额栏的主要内容是记录期初余额、本期增加额、本期减少额及期末余额。本期增加额和减少额是指在一定的会计期间内（月、季或年），在账户左右两方分别登记的增加金额合计数和减少金额合计数，又可以称为本期增加发生额和本期减少发生额。本期增加发生额和本期减少发生额相抵后的差额，就是本期的期末余额。如果将本期的期末余额转入下一期，就是下一期的期初余额。上述四项金额的关系可以用下列公式来表示：

本期期末余额=本期期初余额+本期增加发生额–本期减少发生额

账户中各项金额必须满足上述公式，当账户金额满足上述公式时，通常称为"平"。账户的左右两方是按相反方向来记录增加额和减少额的。也就是说，如果规定在左方记录增加额，就应该在右方记录减少额；反之，如果在右方记录增加额，就应该在左方记录减少额。在具体账户的左右两方中，哪一方记录增加额，哪一方记录减少额，取决于各账户所记录的经济内容和所采用的记账方法。显然，账户的余额一般与记录的增加额在同一方向。

为了教学方便，教科书中经常用简化格式的丁字账来说明账户结构。这时，账户就省略了有关栏次。丁字账的格式见图 1-1。

（左方） 账户名称(会计科目) （右方）

图 1-1 丁字账

一个账户只能记录企业经济活动的某一个方面，不可能记录企业的全部经济业务。而企业的经济活动作为一个整体，是需要一个相互联系的账户体系来反映的。账户分类就是研究这个账户体系中各账户之间存在的共性，寻求其规律性，探明每一账户在账户体系中的地位和作用，以便加深对账户的认识，更好地运用账户反映企业的经济业务。

（三）会计科目与账户的关系

会计科目与账户是两个既相互区别又相互联系的概念。其共同点在于：都对经济业务进行分类，都说明一定的经济业务内容。其不同点在于：会计科目只是经济业务分类核算的项目或标志，只是说明一定经济业务的内容；账户是在经济业务发生之后具体记录经济业务内容，可以提供具体的数据资料。

（四）账户的分类

现代管理理论认为，分类是一种基本的管理。科学地进行账户分类，有助于科学地进行管理。按不同标准对账户进行分类，可以从不同的角度认识账户。其分类标准一般有按会计要素分类，按用途和结构分类，按详细程度分类，等等。

1. 按会计要素分类

会计的平衡等式为：

$$资产=负债+所有者权益$$

这一平衡等式表明了会计核算的基本平衡关系，是会计核算的基础，制约和决定整个会计核算工作。平衡等式中的各要素称为会计要素。账户按会计要素分类，就是按账户所核算的经济内容与各会计要素的联系分类。企业进行生产经营活动，首先要拥有一定的场地、设备，这些由企业拥有或控制的、可以带来未来经济利益的经济资源称为资产。为反映资产的增减变动及结存情况，需设置一类账户，通过该类账户的发生额反映资产的增减变动情况，通过该类账户的余额反映资产的结存情况。

企业资产主要来源于债权人和所有者的投资。债权人提供的、需以企业未来资产或劳务偿付的债务为负债。为反映债权人提供资金及其偿还等情况，需设置一类账户，通过该类账户的发生额反映负债的形成和偿付情况，通过该类账户的余额反映未偿还的债务情况。

所有者权益是指企业所有资产减去所有负债后的余额。在企业创建之时，它是投资者投入企业的资本；在企业通过生产经营活动取得盈利以后，所有者权益就是投入资本与留存收益之和。为反映投入资本和留存收益的增减变动及其结果，需设置一类账户，通过该类账户的发生额反映投入资本和留存收益的增减变动情况，通过该类账户的余额反映投入资本变动后的结果和留存收益的实际数额。

企业从不同来源取得各项资产后，投入生产经营活动。在进行生产经营活动时，必然会通过销售商品或提供劳务等经济业务取得各项收入。同时，企业为取得收入，必然会相应地发生一些费用。企业取得的各项收入在补偿生产经营活动中已消耗的各项耗费后，就形成了利润。为反映企业收入的取得、费用的发生和利润的形成，需设置两类账户：一类账户的发生额反映企业的收入情况，一类账户的发生额反映企业在生产经营过程中的费用情况，通过两类账户发生额的结转，反映企业的利润形成情况。利润虽然是单独的会计要素，但其实质属于所有者享有的投资增值，最终并入所有者权益，不需要单独设置一类账户来反映。

因此，账户按会计要素一般分为资产类、负债类、所有者权益类、收入类和费用类五大类。

反映资产的账户，按照资产的流动性和经营管理核算的需要，又分为反映流动资产和非流动资产等的账户。反映流动资产的账户，按照各项资产的流动性和在生产经营过程中所起的作用，又可分为反映货币资金的账户，如"库存现金""银行存款"等账户；反映结算债务的账户，如"应收账款""其他应收款"等账户；反映存货的账户，如"原材料""库存商品"等账户；反映生产产品制造成本的账户，如"生产成本"账户、"制造费用"账户，这类账户的余额反映的是企业拥有的资产，故并入存货类。反映非流动资产的账户，可分为"固定资产""无形资产"等账户。

反映负债的账户，按照与资产的分类配比，分为流动负债和非流动负债。反映流动负债的账户，有"应付账款""预收账款""短期借款"等账户；反映非流动负债的账户，有"长期借款"等账户。

反映所有者权益的账户，按照权益的来源又分为反映投入资本的账户、反映从利润中提取资金的账户和反映未分配利润的账户。反映投入资本的账户，有"实收资本"账户；反映从利润中提取资金的账户，有"盈余公积"账户；反映未分配利润的账户，有"利润分配""本年利润"等账户。

反映收入的账户，按照收益与企业的生产经营活动是否有关，又分为营业性收入账户和非营业性收入账户。反映营业性收入的账户，有"营业收入"账户；反映非营业性收入的账户，有"营业外收入"账户。

反映费用的账户，按照费用与企业的生产经营活动是否有关，又分为营业性费用账户和非营业性费用账户。反映营业性费用的账户，有"营业成本""销售费用"等账户；反映非营业性费用的账户，有"营业外支出"账户。

研究账户按会计要素分类的目的在于理解和掌握如何设置账户，以及提供核算指标的规律性，以便正确地运用账户，为经济管理提供一套完整的会计核算指标体系。

2. 按提供指标详细程度分类

企业经营管理所需要的会计核算资料是多方面的，首先要求会计核算能够提供一些总括的指标，如通过"原材料"账户核算，提供有关材料增减变动及结存情况的总括资料；利用"应收账款"账户核算，提供企业全部应收账款的形成、收回及结果的总括资料。其次，要求会计核算能够提供一些详细的指标，如通过对材料的核算，提供某类材料、某一种材料的增减变动及结存情况；通过对应收账款的核算，提供具体应收账款的单位或个人及应收金额。为满足各方面的要求，上述各类账户还需要进一步细分，形成不同层次的账户，以提供各类经济活动的详细资料。账户按提供指标的详细程度分为总分类账户和明细分类账户。

（1）总分类账户

总分类账户是对企业经济活动的具体内容进行总括核算的账户，它能够提供某一具体内容的总括核算指标。上述账户均为总分类账户，也称总账账户、一级账户。在我国，总分类账户的名称、核算内容及使用方法通常是统一制定的，其目的是保证会计核算指标口径规范一致，并具有可比性，保证会计核算资料能在一个部门、一个行业、一个地区乃至全国范围内综合汇总、分析；便于企业编制会计凭证、汇总资料和编制会计报表。每一个企业都要根据本企业业务的特点和统一制定的账户名称，设置若干总分类账户。

（2）明细分类账户

明细分类账户是对企业某一经济业务进行明细核算的账户，它能够提供某一具体经济业务的明细核算指标。明细分类账户是总分类账户下属的二级、三级、四级账户的总称，开设这些账户主要是为了满足企业管理的需要。在实际工作中，除少数总分类账户（如"累计折旧"账户、"本年利润"账户）不必设置明细分类账户外，大多数总分类账户都须设置明细分类账户，如在"原材料"总分类账户下，按照材料的类别、品种或规格设置明细分类账户；

在"应收账款"总分类账户下，按照欠款单位的名称设置明细分类账户。

明细分类账户是依据企业经济业务的具体内容设置的，它所提供的明细核算资料主要满足企业内部经营管理的需要。各个企业、单位经济业务的具体内容不同，经营管理的水平不一致，明细分类账户的名称、核算内容及使用方法也就不能统一规定，只能由各企业、单位根据经营管理的实际需要和经济业务的具体内容自行规定。例如，企业可以根据其材料供应单位的具体名称设置"应付账款"总分类账户的明细分类账户。

如果某一总分类账户所属的明细分类账户较多，为便于控制，还可增设二级账户。二级账户是介于总分类账户和明细分类账户之间的账户。它也是由企业、单位根据经营管理的实际需要和经济业务的具体内容自行确定的。例如，企业的材料类别、品种较多，为便于控制，可在"原材料"总分类账户下，按材料的类别设置"原料及主要材料""燃料""辅助材料"等二级账户，在"原料及主要材料"二级账户下，再按材料的品种设置"圆钢""碳钢""角钢"等三级明细分类账户。为了满足企业管理层的需要，在这些三级明细分类账户下面还可以继续开设四级明细分类账户，如按照"圆钢"的品种、规格开设明细分类账户。对企业的经营管理来说，这种按照品种、规格开设的四级明细分类账户提供的信息才是最需要的。但是明细分类账户开设的层级越多，记账的工作量就越大，特别是在手工记账的条件下，设置过多的四级账户可能会有困难，企业在决定设置明细分类账户层级时，必须考虑管理的需要和成本。

研究账户按提供指标详细程度分类，目的在于把握不同层级账户提供核算指标的规律性，便于准确运用各级账户，提供全方位的核算指标，满足经营管理的不同需要。

现以"原材料"账户为例进行说明，其总分类账户与明细分类账户名称见表1-2。

表1-2 原材料总分类账户与明细分类账户名称

总分类账户（一级账户）	明细分类账户	
	二级账户	明细账户（三级账户）
原材料	原材料及主要材料	圆钢
		碳钢
		角钢
	辅助材料	油漆
		润滑油
	燃料	汽油
		煤

3. 会计账户的其他分类方法

账户除按上述标准进行分类以外，还可以按其他标准分类，如按提供资料编制的会计报表分类，按会计主体分类，按期末余额分类，等等。

账户按提供资料编制的会计报表分类，可分为资产负债表账户和利润表账户。资产负债表账户是指该账户所提供的资料是编制资产负债表的依据。资产负债表账户包括资产、负债和所有者权益三类，分别与资产负债表中的这三类项目相对应。如果"生产成本"账户期末有余额，也应列入资产负债表。利润表账户是指该账户所提供的资料是编制利润表的依据。利润表账户包括收入类和费用类两类，这些账户是根据利润表的项目设置的。研究账户按提供资料编制的会计报表分类，目的在于通过对这些账户的具体核算，提供期末编制会计报表所需要的数据。

账户按会计主体分类，可分为表内账户和表外账户。表内账户是指用来核算一个会计主体的资产、负债、所有者权益、收入、费用及经营成果的账户，前面列举的账户均为表内账户。表外账户是指用来核算不属于本会计主体的资产的账户，如租入固定资产账户、代管商品物资账户是表外账户。研究账户按会计主体分类的目的在于严格划清会计核算和监督内容的空间界限，为本企业的经营管理提供更多的资料。

账户按期末余额分类，可分为借方余额账户、贷方余额账户和期末无余额账户。一般情况下，借方余额账户的借方发生额表示增加，贷方发生额表示减少，期末余额一般在借方。资产类账户一般都是借方余额账户。一般情况下，贷方余额账户的借方发生额表示减少，贷方发生额表示增加，期末余额一般在贷方。负债类和所有者权益类账户的期末余额一般都在贷方。期末无余额账户是指期末结账时，将本期汇集的借（贷）方发生额分别从贷（借）方转出，结转后期末没有余额的账户。收入类和费用类账户为期末无余额的账户。通常将期末有余额的账户称为实账户，实账户的期末余额代表着企业的资产、负债或所有者权益；期末无余额的账户称为虚账户，虚账户的发生额反映企业的损益情况。研究账户按期末余额分类，目的在于把握账户期末余额代表的内容及期末结转的规律性，以便正确地组织会计核算。

研究账户的分类，是为了从相互联系的账户中探求其差异性，认识设置和运用账户的规律性。账户分类标准是依据账户所具有的一些特征确定的，每一个账户都有若干特征，因此可以按不同的标准归入不同的类别。如"原材料"账户，从会计要素来看，它属于资产类账户，反映企业在生产经营过程中必不可少的流动资产；从用途和结构来看，它属于盘存账户，反映企业实际的库存原材料价值；从提供指标的详细程度来看，它属于总分类账户，总括地反映企业原材料的增减变动及结存情况；从提供资料编制的会计报表来看，它属于资产负债表账户，账户的期末余额应作为企业资产的一部分，列入资产负债表；从会计主体来看，它属于表内账户，代表着本企业拥有或可以控制的经济资源；从期末余额来看，它属于借方余额账户，反映库存原材料的实际价值。总之，借助账户的分类，可以揭示账户的特征，有利于加深对账户的认识。

第五节　会计方法

会计方法是指用来核算和监督会计对象并实现会计目标的手段或工具。会计方法究竟包括哪些内容，在会计理论界与实务界存在不同的看法，大多数人认为它至少包括五个方面的内容，会计核算、会计分析、会计考核、会计预测及会计决策。其中，会计核算方法是最基本、最主要的方法。

（一）会计核算

会计作为经济管理的重要组成部分，是由整套科学的方法体系组成的。由于客观经济业务纷繁复杂，在生产、交换、分配、消费的过程中发生的经济信息数不胜数，会计主体要将经济信息转换成会计信息，就必须依照会计准则相关的规定，对大量的经济信息进行确认、计量、记录、分类、汇总、加工处理，使其成为有效的会计信息。这个信息转换的过程称为会计核算。会计核算是会计方法中的主要方法，是其他各种方法的基础。

会计主体在发生经济业务之后，应依据会计准则从大量的经济信息中进行选择和确认，并以货币为尺度进行计量；在选定某种标准进行分类以后，就要按一定的规则进行记录，将经济信息转换为会计信息；对形成的会计信息还需要进行加工处理，即进行调整、分类、汇总，最后编制会计报表予以揭示（表述）。会计核算的具体方法包括：确认、计量、记录和报告。

(二)会计分析

会计分析是会计方法中的又一主要方法。会计分析主要依照会计核算提供的各项信息资料,结合经济业务发生的过程,运用一定的分析方法,对企业的经营过程及其经营成果进行定性或定量的分析。会计分析的资料是会计考核、预测和决策的主要依据。从一定意义上说,会计分析是会计考核、会计预测和会计决策的前奏。

(三)会计考核

会计考核(会计监督、控制)是指通过会计核算及会计分析所提供的资料与原定目标进行比较,来考核、检查企业的生产经营过程或单位的经济业务是否合理、合法,与原定目标有多大偏差,考核会计主体的经营业绩,监督经济运行的全过程,控制经济按预定的轨道运行。

(四)会计预测

会计预测是指通过会计核算及会计分析所提供的资料与市场环境诸因素的相关性,运用一定的预测方法,对会计主体的财务指标的未来发展趋势做出测算、预计和估价,为会计决策提供可选择的方案。会计预测是可行性研究的重要组成部分。

(五)会计决策

会计决策是企业经营决策的重要组成部分。由于会计信息使用货币量度,因此它具有综合性的特点。会计信息能够综合反映企业生产经营活动的优缺点,会计信息中的利润(或亏损)指标可以综合说明一个单位经营管理的水平。会计参与经营决策,选择经济效益较高的方案,是我国会计工作发展的总趋势。

第二章　会计凭证

各单位的经济业务很多，不同的业务具有的特点又各不相同，因此反映经济业务实际情况的会计凭证也多种多样。但根据其填制的程序和用途分类，会计凭证可以分为原始凭证和记账凭证两种。

第一节　原始凭证

一、原始凭证的概念

原始凭证是指在经济业务发生时取得或填制的，用以记录和证明经济业务的发生或完成情况，明确经济责任，并作为记账原始依据的一种会计凭证。凡不能证明经济业务发生或完成的单据，如计划、预算、合同、请购单等，均不能作为进行会计核算的原始凭证。

对原始凭证的判断，应该把握证明效力和时间状态两个要点：第一是证明效力，凡是证明效力不强的"单据"不能作为原始凭证，如白条、外单位自制收据、手续不全的单据等，均不能作为原始凭证；第二是时间状态，凡是在经济业务发生或完成之前获得的"单据"也不能作为原始凭证，如合同、请购单、银行存款余额调节表等，都是在经济业务发生或完成之前得到的，因此不能作为原始凭证。

二、原始凭证的分类

（一）按来源渠道分类

原始凭证按来源渠道的不同，可以分为外来原始凭证和自制原始凭证。

例如，车票、船票、采购发货票等是外来原始凭证，领料单、销售发货票、制造费用分配表等都是自制原始凭证。

（二）按填制手续和方法分类

原始凭证按填制手续和方法的不同，可以分为一次原始凭证、累计原始凭证和汇总原始凭证。

1. 一次原始凭证

一次原始凭证是指记录一项经济业务或若干项同类经济业务的原始凭证。一次原始凭证是只能使用一次的"短命"原始凭证。外来凭证一般为一次凭证。例如，领料单、收料单、发货票，制造费用分配表等。领料单格式见表2-1，收料单格式见表2-2，增值税专用发票见表2-3，制造费用分配表格式见表2-4。

表2-1 领料单

仓库：					年 月 日				No.007635
材料编号	材料类别	材料名称	材料规格	计量单位	数量		实际价格		
					请领	实发	单价	金额	
				合计					
材料用途					领用部门		发料部门		
					负责人	领料人	核准人	发料人	

表2-2 收料单

供货单位：　　　　　　　　　　　　　　　　　　编号：
发票编号：　　　　　　　　年　月　日　　收料仓库：

材料类别	材料编号	名称规格	计价单位	数量		实际成本			计划成本	
				应收	实收	买价	采购费用	合计	计划单价	金额
				合计						

收料人：　　　　　　　　　　　　　　　　　　　制单：

表2-3　某市增值税专用发票　No.00329876

开票日期：　　　　　　　　　　年　月　日　　　　　　　　　发票联

购货单位	名　称		纳税人登记号													
	地址电话		开户银行及账号													

货物或应税劳务名称	计量单位	数量	单价	金额								税率（5）	税额							
				十	万	千	百	十	元	角	分		十	万	千	百	十	元	角	分

税价合计（大写）	拾　万　千　百　十　元　角　分
购货单位 名　称	纳税人登记号
地址电话	开户银行及账号

销货单位（公章）：　　　　收款人：　　　　复核：　　　　开票人：

表2-4　制造费用分配表

　　　　　　　　　年　月　日　　　　　　　　　编号：

分配对象	分配标准	分配率	分配金额

会计主管：　　　　　　　　复核：　　　　　　　　制表人：

2. 累计原始凭证

　　累计原始凭证是为了简化手续，在一定时期内连续记载若干同类经济业务的原始凭证。它是一定时期内，在不超过规定的限额范围内多次使用的"长寿"凭证。例如，"限额领料单""费用限额卡"等。"限额领料单"的格式见表2-5。

表 2-5　限额领料单

领料单位：一车间　　　　　　　　　　　　　　　　　　　　No. 00329876
用途：保养设备　　　　　　　　　　　　　　　　　　　　　　发料仓库：06 号仓库

材料编号	名称规格	计量单位	单价	领用限额	本月实际领用	
					数量	金额
2 078	80.1 机油	千克	30	12	9	270

日期		请领		实发			退料			限额余额
月	日	数量	领料单位负责人	数量	发料人	领料人	数量	收料人	退料人	
8	5	2	赵准	2	铁索	任真				10
	15	7	赵准	7	铁索	任真				3
	31						3	铁索	任真	0
合计		9		9			3			0

生产计划部门负责人：　　　　供应部门负责人：　　　　仓库负责人：

3. 汇总原始凭证

汇总原始凭证，又称原始凭证汇总表，它是根据一定时期内若干同类经济业务的原始凭证汇总编制。例如，"差旅报销单""发料凭证汇总表"等。发料凭证汇总表的格式见表 2-6。

表 2-6　发料凭证汇总表

2018 年 08 月 02 日　　　　　　　　　　　　　　　　　　　　　　单位：元

材料类别	领用部门	生产车间		车间管理部门	企业管理部门	销售部门	合计
		甲产品	乙产品				
原材料	原材料—A	20 000	8 000	700	0	0	28 700
	原材料—B	5 000	2 600	800	0	0	8 400
	修理备件	1 800	0	560	1 200	600	4 160
	燃料	1 200	5 800	8 900	90 000	7 000	112 900
	合计	28 000	16 400	10 960	91 200	7 600	154 160

会计主管：　　　　　　复核：　　　　　　制表人：

（三）按格式和适用范围不同

原始凭证按照格式和适用范围不同，可以分为通用凭证和专用凭证。

通用凭证是指拥有全国或在某一区域使用的原始凭证，如银行电汇凭证。

专用凭证是指各个单位自行设计、规定其格式和使用方法的凭证，如差旅报销单。

以上原始凭证的分类归纳如图 2-1 所示。

原始凭证 ⎧ 按来源渠道分类 ⎧ 自制原始凭证
　　　　　　　　　　　　⎩ 外来原始凭证
　　　　　　按填制方法分类 ⎧ 一次原始凭证
　　　　　　　　　　　　　⎨ 累计原始凭证
　　　　　　　　　　　　　⎩ 汇总原始凭证
　　　　　　按格式范围分类 ⎧ 通用原始凭证
　　　　　　　　　　　　　⎩ 专用原始凭证

图 2-1　原始凭证的分类

三、原始凭证的基本内容

为了帮助学员学习和记忆，将原始凭证的基本内容归纳如下：
表头：包括凭证名称、接受单位名称、编号、日期；
表体：包括经济业务内容（数量、单价、金额）；
表尾：包括填写单位签章、经办人签章。

四、原始凭证的填制要求

（一）真实可靠

以经济业务的客观事实为依据进行填制，不得弄虚作假。

（二）及时填制

要在经济业务发生时按照规定填制，不能提前，也不能滞后。在规定时间内按程序进行传递，做到不积压、不误时、不事后补填，保证会计信息的时效性。

（三）内容完整

原始凭证所规定的所有项目都必须规范填制，不能有任何缺项。特别是业务内容、收付金额、业务时间、有关单位及人员的签章等，更应予以注意。

（四）填写清楚、规范

填写清楚有两层含义：第一是填写的字迹和字体清楚，字体要求用楷书或行楷；第二是文字表述要言简意赅。

1. 用笔

填写原始凭证一般使用钢笔或特制的签字笔。按规定需要打印的原始凭证，按要求使用特种打印机（专用打印机或点阵式打印机）。

2. 用墨

用黑色或蓝黑色墨水，凭证内容更正、退货业务等可以使用红色墨水。

3. 用字

使用规范的汉字，字体为楷书或行楷，书写数字不得连笔，应该使用会计专用的数码字体书写，金额前面应该标明货币符号，如果是人民币应为"¥"，货币符号与数字之间不得留有空白。

所有以"元"为单位的阿拉伯数字，除表示单价等情况外，一律写到角分，无角分的，角和分位置可以写"00"或"－"，有角无分的应写"0"，不得写"－"。例如，15元应写成"15.00"或"15－"；15元3角，应写成"15.30"，不得写成"15.3－"。

合计金额一律使用大写数字，如壹、贰、叁、肆、伍、陆、柒、捌、玖、拾、佰、仟、万、亿、元、角、分、零、整（正）等，书写容易辨认，不宜涂改。大写数字书写到元或角为止的，后面写"整"或"正"，大写数字有分的后面不写"整"字。阿拉伯数字中间有"0"时，汉字大写也要写"零"；但阿拉伯数字中间连续有多个"0"的，汉字大写在此位置只写一个"零"。

4. 纠错

原始凭证一旦填制错误，不能以任何形式挖补、涂改，如果只是文字有错误，可以使用划线更正，也可以废掉重新填制；若是数字有错误，就必须作废重新填制，否则无效。填废的原始凭证不得撕毁，应盖上"作废"戳记保存备查。但是，有些重要的原始凭证不能有一点错误，否则就要作废重填，例如支票填写。

5. 项目

原始凭证的所有项目都必须按规定填写完整，不能空项。

（五）顺序使用

收付款项或实物凭证要按顺序或分类编号，在填制时要按照编号的次序依次使用，跳号的原始凭证应该加盖"作废"戳记，不得撕毁，以备核查。

（六）手续齐备

有关经办人员在取得或填制原始凭证时，必须遵照有关规定执行，做到操作规范、手续齐备，特别是要注意单位公章及经办人签章。例如，职工因公预借差旅费时，必须将借款凭证附在记账凭证之后。收回借款时，应该另开收据或退还借据副本，不得退还借款收据原件。

五、原始凭证的审核

原始凭证反映经济业务发生或完成的真实情况，从根本上影响会计信息的质量。因此，会计机构和会计人员必须按照国家会计制度规定，对各种原始凭证进行严格审查核对。审核原始凭证主要从下面两个方面进行：

（一）审核原始凭证的真实性、合法性和合理性

原始凭证的真实性是指其记载的内容以实际发生或完成的经济业务为依据，客观、真实地反映经济业务；合法性是指原始凭证记载的内容符合国家政策、法律、制度、计划等规定；合理性是指原始凭证记载的内容符合增收节支、经济高效的要求。在审核原始凭证时，应严格审核前述内容，保证其真实性、合法性和合理性。

（二）审核原始凭证的完整性、准确性和及时性

原始凭证的完整性是指相关项目均已填制完毕，手续齐全；准确性指计算、合计等正确无误；及时性是指原始凭证填制在经济业务发生或完成时进行，不得提前，也不得滞后。

原始凭证审核后，对于符合要求的原始凭证，要及时进行账务处理，只有审核无误的原始凭证才能作为记账的依据。对于记载不正确、不完整、不符合规定的原始凭证，应该及时退回经办部门或经办人员，要求按照国家统一的会计制度规定进行更正、补充；对于不真实、不合法的原始凭证，有权拒绝受理，并向单位负责人报告。

第二节 记账凭证

一、记账凭证的概念

记账凭证是会计人员根据审核无误后的原始凭证或汇总原始凭证，按照经济业务的内容加以归类，用来确定会计分录而填制的直接作为登记账簿依据的一种记录。

二、记账凭证的内容

记账凭证的内容和原始凭证非常相似，也可以归纳为表头、表体、表尾，但具体内容有一定差别。

表头包括：记账凭证名称、填写日期、编号；

表体包括：业务摘要、总账账户与明细账户名称、业务发生金额、合计金额、借贷方向、附原始凭证张数；

表尾包括：制单人、稽核人、记账人、会计机构负责人、签名或盖章等。

三、记账凭证的分类

（一）按其记录反映的经济业务内容分类

记账凭证按照其记录反映的经济业务内容的不同，可以划分为收款凭证、付款凭证和转账凭证三种。转账凭证样本见表2-7，收款凭证样本见表2-8，付款凭证样本见表2-9。

表 2-7 转账凭证

年 月 日   转字第 号

摘要	总账科目	明细科目	√	借方金额 万千百十元角分	√	贷方金额 万千百十元角分
合计	附原始凭证 张					

财会主管：   记账：   出纳：   审核：   制单：

表 2-8 收款凭证

借方科目：   年 月 日   收字第 号   附原始凭证 张

摘要	总账科目	明细科目	√	贷方金额 万千百十元角分
合计				

财会主管：   记账：   出纳：   审核：   制单：

表 2-9 付款凭证

贷方科目：   年 月 日   付字第 号   附原始凭证 张

摘要	总账科目	明细科目	√	借方金额 万千百十元角分
合计				

财会主管：   记账：   出纳：   审核：   制单：

在实际工作中，如果企业的收支业务比较少，记账凭证也可以不区分收付转，全部采用统一格式的通用记账凭证。记账凭证样本见表 2-10。

表 2-10 记账凭证

年 月 日   记字第 号

摘要	总账科目	明细科目	√	借方金额 万千百十元角分	√	贷方金额 万千百十元角分

第二章 会计凭证

· 31 ·

续表

摘要	总账科目	明细科目	√	借方金额 万千百十元角分	√	贷方金额 万千百十元角分
合计	附原始凭证　　张					

财会主管：　　　记账：　　　出纳：　　　审核：　　　制单：

（二）按其反映借贷方向的方式分类

记账凭证按照反映借贷方向的方式不同，可以分为金额借贷式记账凭证、科目借贷式记账凭证和标志借贷式记账凭证。现在广泛使用的记账凭证格式为金额借贷式记账凭证，其他格式的记账凭证基本被淘汰。

（三）按填制方式分类

记账凭证按照填制方式不同，可以分为单式记账凭证和复式记账凭证。单式记账凭证是指一张记账凭证只记载一个会计科目的记账凭证。优点是记账时可以分工，便于提高工作效率，但是不能反映账户的对应关系和经济业务的来龙去脉，所以已经很少有人使用，在此不做详细介绍。复式记账凭证是指在一张记账凭证上记载两个及两个以上的会计科目，反映一笔完整经济业务的记账凭证。其优缺点正好与单式记账凭证相反，现在企事业单位核算广泛使用的记账凭证大多是复式记账凭证。

四、记账凭证的填制

（一）记账凭证的填制要求

1. 用笔

用钢笔或特制的签字笔，不得使用铅笔、圆珠笔等。

2. 用墨

用黑色（碳素）或蓝黑墨水，错账更正、结账、冲账等特殊情况按国家有关规定使用红色墨水。

3. 用字

应当使用中文，必须使用规范的汉字，不得使用不规范的汉字。字体为楷书或行楷，书写数字不得连笔。字高为记账凭证格高的二分之一与三分之二之间，贴近格线底部书写，金额一直书写到"分"为止。书写金额时，应该使用会计专用的数码字体书写。

4. 纠错

会计人员如果在填制记账凭证时发生错误，应当重新填制。已经登记入账的记账凭证，则按照规定的更正方法进行更正。

5. 项目

记账凭证的所有项目都必须按规定填写完整，不能空项，会计分录和合计之间出现空行时必须用斜线"注销"，具体方法在凭证的填制程序中讲解。

（二）记账凭证的填制程序

无论什么类型的记账凭证，其填制的程序和方法基本一致，但转账凭证的填制程序和方法最为典型，因此作为重点讲解。

1. 审核原始凭证

在填制记账凭证前，首先要对原始凭证的合法性、真实性、完整性和准确性进行审核，以保证会计核算的客观和真实。

2. 选择记账凭证

选择记账凭证的原则是，库存现金或银行存款增加的业务填制收款凭证，库存现金或银行存款减少的业务填制付款凭证；既不涉及库存现金或银行存款增加，又不涉及库存现金或银行存款减少的业务填制转账凭证。

另外，需要注意的是，为了避免重复记账，库存现金和银行存款之间的划转业务，一般只填制一张付款凭证。

3. 填写时间

记账凭证中的日期，是财务人员填制记账凭证的日期，而非原始凭证记载的真实时间。而每月月初填制上月尚未处理经济业务的记账凭证时，日期应为上月月末最后一天。当"月"或"日"是个位数时，需要在前面加"0"补位。

4. 填写摘要

用简明的文字说明经济业务的内容。填写摘要栏时，要顶头、贴底，如果摘要的字数比较多，可以回行继续书写。

5. 编制会计分录

记账凭证是会计分录的载体，而会计分录是记账凭证的核心内容，所以会计分录的编制也成为填制会计凭证的中心环节。借方金额合计和贷方金额合计，要分别在借贷两方合计金额的前面填写人民币符号"（¥）"，并在分录金额和合计金额之间的"空行"部分画一斜线或"S"线注销，以防涂改。

6. 附原始单据

原始凭证和记账凭证检查无误后，填写所附原始单据的自然张数，并将原始单据整齐靠右粘贴在记账凭证反面，规范整齐，以便将来装订凭证。如果企业的原始凭证比较多，粘贴在记账凭证反面比较厚，装订不方便，企业也可以将原始凭证单独装订。但应该特别注意，若原始凭证单独装订，原始凭证顺序要和所归属的记账凭证装订顺序完全相同，并在记账凭证的摘要栏内注明，为将来对账提供方便。另外，对有些需要拆分的业务，原始凭证原件要附在主要业务的记账凭证背面，次要业务记账凭证的背面要附原始凭证复印件，但应该在摘要栏注明"原始凭证原件见××号记账凭证"，以备核对。

7. 相关人员签名或盖章

凭证填制完毕后，相关财会人员必须签章。收付款凭证必须有出纳员签章。转账业务和更正错账的记账凭证，因为没有原始凭证，所以会计主管必须签章。

8. 凭证编码

记账凭证每月从小到大编号一次，编号必须连续，不得跳号。企业可以根据经济业务的数量选取两位数或三位数进行编号，前面小号凭证的编号须在前面填零补位。例如，企业采用三位数对凭证进行编号，第2号凭证编号为002号，第12号凭证为012号。对有些需要拆分的业务，一笔经济业务填制多张同类记账凭证时，可以采用分数编号，一笔经济业务填制多张不同类别记账凭证时，仍按各自的类别按序编号。例如，企业第18笔业务编制的两张同类记账凭证可以分别编号为0181/2，0182/2，也可以编号为018，019。在每月最后一张记账凭证的右上角写一个"全"字，避免遗失记账凭证。

小型企业每月可以将收、付、转凭证按序装订在一起，采取混合编号；大中型企业收、付、转凭证可以单独装订，单独编号。

（三）记账凭证的填制举例

1. 转账凭证的填制

【例2-1】2018年5月9日，企业从A公司采购的甲材料已经运到并验收入库，采购成本6 100元，原始凭证3张。

本例题转账凭证的填制结果见表2-11。

表2-11 转账凭证

2018年05月09日　　　　　　　　　　　　　　　转字第018号

摘要	总账科目	明细科目	√	借方金额 万千百十元角分	√	贷方金额 万千百十元角分
材料入库	原材料	甲材料		6 1 0 0 0 0		
	在途物资	甲材料				6 1 0 0 0 0
合计	附原始凭证 3 张			¥ 6 1 0 0 0 0		¥ 6 1 0 0 0 0

财会主管：富泽　　记账：任真　　出纳：钟诚　　审核：何准　　制单：王平

2. 记账凭证的填制

通用记账凭证的填制和转账凭证的填制完全相同，现举例如下：

【例2-2】企业2018年5月31日根据发出材料汇总分配表，本月共发出甲材料5 205元，其中生产A产品5 000元，车间一般耗用205元，原始凭证16张。

本例题记账凭证的填制结果见表2-12。

表2-12 记账凭证

2018年05月31日　　　　　　　　　　　　　　　记字第092号

摘要	总账科目	明细科目	√	借方金额 万千百十元角分	√	贷方金额 万千百十元角分
领料	生产成本	A产品		5 0 0 0 0 0		
	制造费用	材料费		2 0 5 0 0		
	原材料	甲材料				5 2 0 5 0 0
合计	附原始凭证 16 张			¥ 5 2 0 5 0 0		¥ 5 2 0 5 0 0

财会主管：富泽　　记账：任真　　出纳：钟诚　　审核：何准　　制单：王平

3. 收款凭证的填制

【例2-3】2018年11月6日，收到B公司所欠货款15 600元转存银行，原始凭证2张。收款账凭证的填制结果见表2-13。

表2-13 收款凭证

借方科目：银行存款　　2018年11月06日　　　　　收字第008号　附原始凭证2张

摘要	总账科目	明细科目	√	贷方金额 十 万 千 百 十 元 角 分
收取B公司贷款	应收账款	B公司		1 5 6 0 0 0 0
合计				¥ 1 5 6 0 0 0 0

财会主管：富泽　　记账：任真　　出纳：钟诚　　审核：何准　　制单：王平

需要注意的是，收付款凭证的设计思路，主要是突出库存现金和银行存款的重要性，所以将库存现金和银行存款账户高高举过"头顶（表的上方）"，但不填金额。也就是说，在凭证左上方的科目只能填写库存现金或银行存款，如果填写其他科目是错误的。

4. 付款凭证的填制

【例2-4】2018年12月26日，企业以现金购买办公品682元。其中，厂部420元，车间262元，原始凭证21张。付款账凭证的填制结果见表2-14。

表2-14 付款凭证

贷方科目：库存现金　　2018年12月26日　　　　　付字第028号　附原始凭证21张

摘要	总账科目	明细科目	√	贷方金额 十 万 千 百 十 元 角 分
购买办公品	管理费用	厂部		4 2 0 0 0
	制造费用	车间		2 6 2 0 0
合计				¥ 　6 8 2 0 0

财会主管：富泽　　记账：任真　　出纳：钟诚　　审核：何准　　制单：王平

五、记账凭证的审核

1. 审核记账凭证是否附有原始凭证，原始凭证的张数、金额、内容是否一致。

2. 审核记账凭证的会计分录是否正确。

3. 审核记账凭证的项目是否完整、齐全。
4. 审核期末转账和更正错账等业务是否有会计主管签名。

第三节 会计凭证的传递与保管

一、会计凭证的传递

会计凭证的传递是指从会计凭证的填制或取得时起,到归档保管为止,在单位内部有关部门和人员之间的传送程序。

会计凭证记载的经济业务不同,需要办理的手续也各有不同。为及时反映经济业务的执行和完成情况,对各部门日常发生的经济业务,需要明确规定其凭证传递的程序和时间。各单位的会计凭证千差万别,企业应根据自己的特点制定科学、合理、高效的凭证传递程序。会计凭证的传递程序和时间确定后,应绘制流程图或流程表,并组织相关人员学习指导,以保证执行的有效性。在执行过程中,还应根据业务的变化和实际情况定期加以修正。会计凭证传递应做好如下工作:

① 确定会计凭证的传递程序。各单位在确定凭证传递程序时,应考虑企业的规模、特点、机构设置、人员分工、内部控制等因素,制定一套手续严密、科学合理、节时高效的传递程序。

② 确定会计凭证的传递时间。各单位应根据各个部门办理经济业务手续的繁简,确定会计凭证的停留时间长短,不得拖延积压,保证传递流畅。

③ 建立会计凭证交接的签收制度。为保证会计凭证安全完整,在传递过程的各个环节必须指定专人办理交接手续,以明确责任,做到严密有序。

会计凭证的传递主线程序示意图见图2-2。

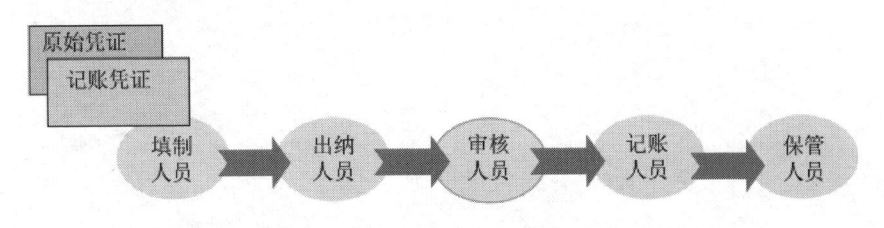

图2-2 会计凭证的传递主线程序示意图

二、会计凭证的装订与保管

会计凭证是重要的经济活动档案和历史资料，单位必须妥善保管。每月月末，企业应该按顺序装订全部记账凭证，加具封面、封底，装订成册。装订时要做到三顺，即时间顺、编号顺、"表头"顺，认真填写凭证封面，并在凭证封面装订线上加盖封签。封面和封底用牛皮纸制成。记账凭证装订、归类、存档后，和其他会计档案一样，要指定专人分类、存档保管，不得外借、不得泄密、不得提前销毁，保管年限一般为15年，期满后可按照规定申报，批准后方可销毁。会计档案保管的时间从会计年度终了后的第一天开始算起。会计凭证的装订与保管见图2-3。

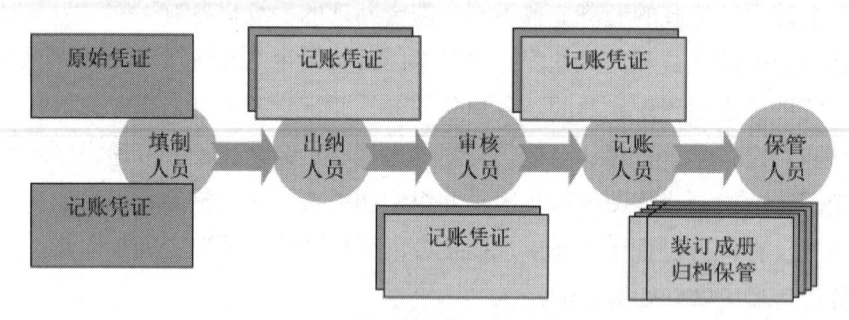

图2-3 会计凭证的装订与保管

第三章 会计账簿

第一节 会计账簿概述

一、会计账簿的概念与作用

（一）会计账簿的概念

会计账簿简称账簿，是由若干张具有一定格式且又相互联系的账页组成的，按照会计科目开设户头，以会计凭证为依据，用来分类、连续、系统、全面地记录和反映经济业务的会计簿籍。账簿不同于账户，账簿的外表形式是簿籍，是由账页组成的，是记录会计信息的载体，是积累和储存经济活动情况的数据库。账户是按规定会计科目在账页中开设的户头，账户记录的是账簿的内容。会计核算工作中的记账，是指根据审核无误的原始凭证及记账凭证，按照国家统一会计制度规定的会计科目，运用复式记账法将经济业务序时地、分类地登记到账簿中去。

企业在生产经营过程中会发生各种经济业务，每发生或完成一笔经济业务时，都必须取得或填制会计凭证，以便正确、及时地反映和监督各项经济业务的发生和完成情况。然而，会计凭证对经济活动的反映比较分散、零星和片面，一张会计凭证一般只反映一项经济业务，一个企业在一定时期会发生大量的经济业务，会计凭证的数量多且比较分散，无法连续、系统、全面、完整地反映一个企业在某一时期内所发生的某类经济业务的变动情况及其变动结果。为全面了解一个企业经济活动的全貌，有必要将分散在会计凭证上的会计信息加以归类整理，使会计信息集中化、系统化和条理化，这就需要设置和登记账簿，通过账簿记录对大量分散在会计凭证上的核算资料进行归类整理，登记到账簿中去，为会计报表的编制提供依据。设置和登记账簿是对经济信息进行加工整理的一种专门方法，也是会计核算工作中必不可少的重要环节，每个企业都必须设置账簿。

（二）会计账簿的作用

1. 会计账簿可以全面、系统、连续地反映一个企业经济活动的全貌

通过设置和登记账簿，企业可以把分散在会计凭证上的资料加以归类、整理，并将其加工成有用的、系统的、全面的会计信息。

2. 会计账簿记录是编制会计报表的主要依据

会计报表所需要的数据资料，绝大部分来源于会计账簿。会计报表编制和报送是否及时、提供的会计信息是否可靠，与账簿的设置和登记是否合理有密切关系。会计账簿的记录是企业编制会计报表的前提和依据。

3. 会计账簿是考核企业经营成果、加强经济核算、分析经济活动情况的重要依据

会计循环的起点是会计凭证，终点是会计报表。会计账簿是介于会计凭证和会计报表之间的环节，在会计核算中具有承前启后的作用，会计账簿提供的核算资料比会计凭证提供的资料更全面、更系统，又比会计报表提供的信息更具体、更丰富。会计账簿中积累了企业在一定时期内有关资产、负债、所有者权益、收入、费用、利润的变动情况及其变动结果，利用会计账簿提供的资料，能全面了解企业的财务状况和经营成果，通过与计划、预算等指标的比较，可以考核计划、预算的执行及完成情况，为加强经济管理提供原始数据资料。

4. 会计账簿是检查财产物资是否安全、完整的重要依据

将财产物资的账面结存数与实存数进行比较，可以检查账实是否相符。如果发现不相符，可以追查原因，以保证财产物资的安全、完整。

5. 会计账簿是重要的经济档案

会计账簿既是汇集、加工会计信息的工具，也是积累、储存经济活动情况的数据库。会计账簿中积累的档案资料，是日后进行会计检查的依据，因

此账簿一般需要长期保存。相对于会计凭证，会计账簿更有利于保存，也便于查阅。

二、会计账簿的种类

为了系统地进行会计核算，会计主体通常会使用多种类型的会计账簿。按不同的分类标准进行分类，会计账簿可分为不同的类型。常用的分类标准有按用途、按外表形式和按账页格式以及按记账方式分类。

（一）按用途分类

会计账簿按用途分类，一般可分为日记账簿、分类账簿、联合账簿和备查账簿。

1. 日记账簿

日记账簿又称序时账簿，是按照经济业务发生时间或完成的先后顺序，逐日逐笔登记的账簿。在实际工作中，时间的先后顺序通常是指会计记账凭证的编号顺序，即日记账簿应按会计部门填制的记账凭证的先后顺序逐日逐笔登记。记账凭证填制的先后顺序往往也体现着企业经济业务发生或完成的先后顺序。

日记账簿按其记录的经济业务内容的不同，可分为普通日记账和特种日记账。普通日记账又称通用日记账，是指根据经济业务发生的先后顺序，逐日逐笔登记全部经济业务的会计账簿。普通日记账产生于记账凭证之前，直接根据原始凭证在普通日记账上逐笔编制会计分录，所以也称会计分录簿。特种日记账是指用来记录单位某些需要特别关注、大量发生的经济业务，并起汇总作用的会计账簿。按记录经济业务的内容不同，特种日记账可分为现金日记账、银行存款日记账、销货日记账、购货日记账、应收账款日记账、应付账款日记账以及转账日记账等。

2. 分类账簿

分类账簿是指按照总分类账户和明细分类账户对全部经济业务进行分类登记的账簿。它可以系统归纳、综合并集中反映经济业务的情况，从分类账簿的每个账户里可以得到各个会计要素及其构成内容增减变动的资料，进而为编制会计报表和加强经营管理提供有关资产、负债、所有者权益、收入、费用、利润总括和详细的分类资料。

分类账簿按其记载内容繁简程度的不同，可分为总分类账和明细分类账。总分类账简称总账，是指按照总分类账户开设的，用来反映和监督各种资产、负债、所有者权益、收入、费用和利润等总括核算资料的账簿。明细分类账又称分类账，简称"明细账"，是指按照明细分类账户开设的，用来反映和监督有关资产、负债、所有者权益、收入、费用和利润等明细核算资料的账簿。明细分类账的格式分为三栏式、数量金额式、多栏式和平行式等多种。

3. 联合账簿

联合账簿是指日记账簿和分类账簿结合在一起的账簿，它兼有日记账簿和分类账簿的特点。在经济业务比较简单、总分类账户为数不多的企业，为了简化记账工作，可以在同一账簿中既序时又分类地登记经济业务，如日记总账便是典型的联合账簿。

4. 备查账簿

备查账簿又称辅助登记账簿，是对某些在日记账簿和分类账簿中未能记载或记载不全的事项进行补充登记的账簿。设置和登记这种账簿是为了在正式账簿之外，对某些经济业务的内容提供有用的参考资料或补充信息。备查账簿有固定资产登记簿、委托加工材料登记簿、应收票据登记簿、支票登记簿、代管商品物资登记簿等。备查账簿不是真正的账簿，它不受总账的控制，没有固定的账页格式，与其他账簿之间也没有严密的钩稽关系，各单位可以根据需要灵活设置。

（二）按外表形式分类

会计账簿按外表形式可分为订本式账簿、活页式账簿、卡片式账簿和磁性媒介质式账簿。

1. 订本式账簿

订本式账簿又称订本账，是指在启用前就将许多张账页装订成册并连续编号的账簿。这种账簿账页固定，能够避免账页散失和人为抽换账页，保证账页记录的安全性。但由于账页是固定的，就没有随意增减的弹性，因此在使用前必须预先估计每一个账户需要使用的账页，留出足够的空页。如果预留账页过多，会造成浪费；如果预留账页过少，则会影响账簿记录的连续性。另外，在同一时期，一本账簿只能由一个人登记，不便于分工记账。一般带有统驭和控制作用的账簿及重要的账簿,如总分类账簿、现金日记账和银行存款日记账等可选用订本式账簿。

2. 活页式账簿

活页式账簿又称活页账,是指平时使用可拆开的活页账页记录经济业务并将已使用的账页用账夹固定,年末再将本年所登记的账页订成册并连续编号的账簿。这种账簿可以根据记账的实际需要,随时增加账页,便于记账分工,节省账页,且登记方便,但容易出现账页散失和人为抽换等问题。因此,在使用时应预先对账页进行连续编号,并由有关人员在账页上加盖印章,年末应将其装订成册,以便保存。活页式账簿一般适用于明细分类账。

3. 卡片式账簿

卡片式账簿又称卡片账,是指用印有记账格式和特定内容的卡片登记经济业务的账簿。这是一种特殊的活页式账簿,卡片不固定在一起,卡片的数量可以随经济业务的多少而增减,使用比较灵活,保管比较方便,有利于详细记录具体内容,可跨年度使用,无须经常更换,但容易散失。卡片应装置在卡片箱内,使用完毕不再登账时,应将卡片穿孔固定保管。卡片式账簿一般适用于所记内容比较固定的明细账,如固定资产明细账等。

4. 磁性媒介质式账簿

磁性媒介质式账簿是存储在计算机中的账簿,这类形式的账簿不具有传统簿籍的形式。在会计电算化企业中,账务资料是存放在磁性媒介质(如磁盘)中的。在作为文件打印输出前是看不见、摸不着的;打印输出后虽然拥有书面形式,但已经不存在完整、严密的账簿体系,只是根据需要打印输出会计记录和数据,可以是部分的记录和数据,也可以是全部的记录和数据。

(三)按账页格式分类

会计账簿按账页格式可分为三栏式账簿、多栏式账簿、数量金额式账簿和平行登记式账簿。

1. 三栏式账簿

三栏式账簿是指由设置借方、贷方和余额三个金额栏的账页组成的账簿,适用于只提供价值核算指标的项目,如总账、现金日记账、银行存款日记账、债权债务类明细账等。

2. 多栏式账簿

多栏式账簿是指在借方和贷方的某一方或两方下面分设若干栏目，详细反映借、贷方金额组成情况的账簿。多栏式账簿只设金额栏，不设数量栏，适用于核算项目较多且在管理上要求提供各核算项目详细信息的明细分类账簿，如收入、费用、成本类明细账等。

3. 数量金额式账簿

数量金额式账簿是指在借方、贷方和余额每个大栏目下分设数量、单价、金额三个小栏目，既提供金额指标又提供数量指标的账簿。数量金额式账簿适用于既需要提供价值信息，又需要提供实物数量信息的明细分类账，如存货类的材料明细账和产成品明细账等。

4. 平行登记式账簿

平行登记式账簿是指前后密切相关的经济业务的借方和贷方登记在同一行，以便检查每笔业务的发生和完成情况的账簿，目的是加强对这类业务的监督，如材料采购明细分类账等。

（四）按记账方式分类

会计账簿按记账方式不同可分为手工账簿和电子账簿。

1. 手工账簿

手工账簿是传统的记账方式，通过手工记账方式登记形成的账簿称为手工账簿，手工账簿的数据来源于手工填制的凭证，手工账簿的格式一般分为订本式、活页式和卡片式三种。账页格式分别有三栏式、多栏式、数量金额式等。

2. 电子账簿

会计电算化下形成的会计账簿就是电子账簿。电子账簿来源于手工录入计算机中的凭证。电子账簿没有统一的格式，它具有格式多样化、格式动态化、应用实时化、输出多样化的特点。由于各个公司编程软件的不同、编程风格的不同，因此设计出来的账簿格式也是大不相同的。即使是同一个公司的会计账簿，其使用的财务软件由于技术的进步、新旧版本不同，生成的会计账簿的格式也会不一样。电子账簿不再局限于三栏式、多栏式和数量金额式，而具有风格各异的独特格式。

三、设置会计账簿的基本原则

设置会计账簿的目的在于为一个会计主体建立一套账簿体系。账簿应在符合国家统一规定的前提下，根据本企业经济业务的性质、特点及经营管理的需要来确定，同时也要受本企业所选择的会计核算形式的影响。具体来讲，设置账簿应遵循以下原则：

账簿的设置要能确保全面、系统、及时、完整地反映和监督单位经济活动的情况，为经营管理和经济核算提供系统、分类的核算资料，以满足会计信息使用者对会计信息的需求。

账簿的设置既要确保账簿体系科学、严密，同时又要考虑单位规模的大小、业务的繁简、会计工作分工协作及内部控制等因素，使各账簿之间既分工明确又联系密切，在避免重复和遗漏的同时，节约人力、物力。

账簿的设置应简便实用，便于查账。

四、会计账簿的基本构成及内容

账簿通常由封面、扉页和账页构成。

（一）封面

封面用以标明账簿名称和记账单位名称，如总分类账、现金日记账、存货明细账等。

（二）扉页

扉页主要列明科目索引及账簿使用登记表。无论是订本账还是活页账，在使用之前都要填列账簿使用登记表，登记账簿启用的日期和截止日期、页数、册次、经管账簿人员姓名和签章、会计主管人员签章、账户目录等内容。

（三）账页

账页是会计账簿的主体。账页的格式虽因记录的经济业务的内容不同而有所不同，但基本要素是相同的。账页的基本要素包括：① 账户名称（总账科目、二级或三级明细科目）。② 登记日期栏。③ 凭证种类和编号栏。④ 摘要栏，用于记录经济业务内容的简要说明。⑤ 金额栏，用于记录账户金额的增减变动及结存情况。⑥ 总页次和分户页次。

由于账簿记录的经济业务不同,其结构和登记方法也有所不同。

五、日记账的设置和登记

日记账分为普通日记账和特种日记账两种。

(一)普通日记账

普通日记账是两栏式日记账,是序时、逐笔登记各项经济业务的账簿。它逐笔登记每一分录的借方账户和贷方账户的名称和金额,其格式及内容如表 3-1 所示。

表 3-1 普通日记账

| 2020年 || 凭证 || 摘要 | 会计科目 | 借方金额 | 贷方金额 | 过账 |
月	日	字	号					
1	2	银收	1	收到投资款	银行存款 实收资本	10 000 000	10 000 000	√ √
	8	转	1	收到投入 固定资产	固定资产 实收资本	10 000 000	10 000 000	√ √
	18	银付	1	支付采购 材料款项	在途物资 银行存款	2 000 000	2 000 000	√ √
	22	转	2	材料验收入库	原材料 在途物资	2 000 000	2 000 000	√ √

(二)特种日记账

特种日记账一般设有现金日记账和银行存款日记账,有的单位还设置转账日记账等。

1. 现金日记账

现金日记账是由出纳人员根据审核无误的现金收、付款凭证,序时逐笔登记的账簿。有的企业分别设置现金收入日记账和现金支出日记账。

现金日记账的基本结构分为"收入""支出"和"结余"三栏,出纳人员每日在业务终了后对现金收、付款项进行逐笔登记,并结出余额,与实存现金相核对,其格式如表 3-2 所示。

表 3-2 现金日记账

| 2020年 || 凭证 || 摘要 | 对方科目 | 收入 | 支出 | 结余 |
月	日	字	号					
2	1			期初余额				800
	1	银付	1	从银行提现	银行存款	6 000		6 800
	1	现付	1	购办公用品	管理费用		600	6 200
	2	现付	2	借差旅费	其他应收款		1 500	4 700
	2	现付	3	报销招待费	管理费用		700	4 000
	3	现收	1	零星销售	其他业务收入	900		4 900

现金收入日记账和现金支出日记账一般采用多栏式。现金收入要按对应科目的金额记入有关的"贷方科目"栏,并计算"收入合计"栏;现金支出要按对应科目的金额记入有关"借方科目"栏,并计算"支出合计"栏。每日终了,要将现金支出日记账的支出合计数记入现金收入日记账的"支出合计"栏,并结出余额,填入"余额"栏。现金收入日记账与现金支出日记账的登记如表3-3、表3-4所示。

表3-3中所记2月1日从银行提现6 000元,为了防止重复记账,只填制银行存款付款凭证,不填制现金收款凭证,因而这笔现金收入是根据银行存款付款凭证登记的。

表 3-3 现金收入日记账

| 2020年 || 凭证 || 摘要 | 贷方科目 ||| 收入合计 | 支出合计 | 余额 |
月	日	字	号		银行存款	其他应收款	其他业务收入			
2	1			期初余额						800
	1	银付	1	从银行提现	6 000			6 000		6 800
	1			转记					600	6 200
	2			转记					1 500	4 700
	2			转记					700	4 000
	3	现收	1	零星销售			900	900		4 900

表 3-4 现金支出日记账

| 2020年 || 凭证 || 摘要 | 借方科目 ||| 支出合计 |
月	日	字	号		银行存款	管理费用	其他应收款	
2	1	现付	1	购办公用品		600		600
	2	现付	2	借差旅费			1 500	1 500
	2	现付	3	报销招待费		700		700

2. 银行存款日记账

银行存款日记账应根据不同开户银行分别设置。通常由出纳人员根据审核无误的各种银行存款收、付款凭证,逐日逐笔进行登记。对于现金存入银行的业务,由于只填现金付款凭证,故应根据现金付款凭证登记。每日逐笔登记完毕,应结出银行存款余额,月底与银行对账单进行核对,以检查各项收支的记载是否正确。银行存款日记账的格式如表3-5所示。

表3-5 银行存款日记账

2020年		凭证		摘要	对方科目	收入	支出	结余
月	日	字	号					
2	1			期初余额				60 000
	1	银付	1	从银行提现	库存现金		6 000	54 000
	2	银收	1	收到银行贷款	短期借款	1 000 000		1 054 000
	2	银付	2	支付水电费	管理费用		12 000	1 042 000
	2	银付	3	购买办公用品	管理费用		1 500	1 040 500
	3	银付	4	支付采购材料款	材料采购		200 000	840 500
	3	银收	2	销售商品	主营业务收入	150 000		990 500

银行存款日记账也可以根据需要分为银行存款收入日记账和银行存款支出日记账，其格式分别与表3-3、表3-4相似。

3. 转账日记账

转账日记账是根据转账凭证登记除现金、银行存款收支业务以外的经济业务的一种序时账簿。设置转账日记账是为了便于集中反映转账业务的发生情况，但一般企业通常不单独设置转账日记账。该账采用两栏式，格式与普通日记账基本相同，如表3-6所示。

表3-6 转账日记账

2020年		转账凭证号	摘要	借方		贷方	
月	日			一级科目	金额	一级科目	金额
1	8	1	收到投入固定资产	固定资产	10 000 000	实收资本	10 000 000
1	22	2	材料验收入库	原材料	2 000 000	在途物资	2 000 000

六、分类账的设置和登记

分类账是按照总分类科目和明细分类科目对全部经济业务进行分类登记的账簿。按照总分类科目登记的分类账称为总分类账，按照明细科目登记的分类账称为明细分类账。

（一）总分类账的设置和登记

总分类账能全面、总括地反映经济活动情况，并为编制会计报表提供可靠的依据。所以，总分类账应按照会计科目的编码顺序设立账户，一般要求采用订本式账簿。

总分类账的格式一般采用"借方""贷方""余额"三栏式账页，可以直接根据记账凭证按经济业务的先后顺序逐笔登记,如表 3-7 所示;也可以按不同的方法汇总后,分次或一次汇总登记,如表 3-8 所示。

表 3-7　总分类账（逐笔登记）

会计科目：原材料　　　　　　　　　　　　　　　　　　　　　　　　第　　页

2020年		凭证		摘要	借方	贷方	借或贷	余额
月	日	字	号					
2	1			期初余额			借	800 000
	1	转	1	材料验收入库	1 000 000		借	1 800 000
	2	转	2	车间领用材料		1 200 000	借	600 000
	2	转	3	材料验收入库	900 000		借	1 500 000
	3	转	4	材料验收入库	500 000		借	2 000 000
	3	转	5	领用材料		1 000 000	借	1 000 000

表 3-8　总分类账（汇总登记）

会计科目：原材料　　　　　　　　　　　　　　　　　　　　　　　　第　　页

2020年		凭证		摘要	借方	贷方	借或贷	余额
月	日	字	号					
2	1			期初余额			借	800 000
	5	汇转	1~10	1—5 日汇总	4 500 000	3 200 000	借	2 100 000
	10	汇转	11~22	6—10 日汇总	8 000 000	6 200 000	借	3 900 000

（二）明细分类账的设置和登记

明细分类账是按照二级科目或明细科目设立的。各明细分类账根据记账凭证和原始凭证的内容登记入账,可以为企业提供有关经济活动的详细资料,并对总分类账所提供的总括资料做一定的补充。明细分类账的格式一般有三栏式、数量金额式、多栏式和平行式四种。

1. 三栏式明细分类账

三栏式明细分类账的格式与总分类账基本相同,金额栏分为"借方""贷方"和"余额"三栏。反映的经济业务只需用货币作为计量单位,且不需要在账簿上直接分析该类业务的发生和完成情况。例如,用来记录各项所有者权益的实收资本明细账,用来记录各项债权债务结算情况的往来明细账,一般采用此格式。三栏式明细分类账由会计人员根据审核无误的记账凭证或原始凭证,按经济业务发生的时间先后顺序逐笔进行登记,以实收资本明细账为例,三栏式明细账的格式如表 3-9 所示。

表 3-9　实收资本明细账

投资单位：A 公司　　　　　　　　　　　　　　　　　　　　　　　　　第　　页

2020年		凭证		摘要	借方	贷方	借或贷	余额
月	日	字	号					
1	1		1	月初余额			贷	1 000 000
	8	银收	6	收到追加投资		200 000	贷	1 200 000
	20	转	11	收到投入设备		500 000	贷	1 700 000

2. 数量金额式明细分类账

数量金额式明细分类账的格式是在"收入""发出"和"结存"三栏内分别设置"数量""单价"和"金额"栏目，分别登记实物的数量和金额，如原材料明细分类账、库存商品明细分类账。数量金额式明细分类账不仅要根据有关的记账凭证进行金额登记，还要根据记账凭证所附的原始凭证或汇总原始凭证进行数量等项目的登记，以原材料明细账为例，数量金额式明细分类账的格式如表 3-10 所示。

表 3-10　数量金额式明细分类账

类别：A 材料　　　　　　　　　　　　　　　储备定额：
品名及规格：　　　　　　　　　　　　　　　最高储备量：
存储地点：　　　　　　　　　　　　　　　　最低储备量：
计量单位：千克　　　　　　　　　　　　　　　　　　　　　　　　　第　　页

2020年		凭证		摘要	收入			发出			结语		
月	日	字	号		数量	单价	金额	数量	单价	金额	数量	单价	金额
2	1		1	月初余额							300	1 000	300 000
	1	转	1	材料入库	1 000	1 000	1 000 000				1 300	1 000	1 300 000
	2	转	2	车间领用				500	1 000	500 000	800	1 000	800 000
	3	转	3	材料入库	600	1 000	600 000				1 400	1 000	1 400 000
	5	转	4	车间领用				700	1 000	700 000	700	1 000	700 000

3. 多栏式明细分类账

多栏式明细分类账是指根据经济业务特点和管理需要在一张账页内按有关明细项目分设若干专栏，以集中反映有关明细项目的核算资料。这类账页适用于只记金额，不计数量，而且在管理上需要了解其构成内容的费用、成本、收入等明细账的登记。

成本、费用明细账一般按借方设专栏，这种明细账称为借方多栏式明细账。例如，生产成本明细账按成本项目设专栏；制造费用明细账、管理费用明细账等按费用项目设专栏。当这些账户出现贷方发生额时，可用红字金额在借方栏中冲转。以制造费用明细账为例,借方多栏式明细账的一般格式如表 3-11 所示。

表 3-11　制造费用明细账

车间：基本生产车间　　　　　　　　　　　　　　第　　页

| 2020年 || 凭证 || 摘要 | 借方 |||||||| 余额 |
月	日	字	号		材料	人工	水电费	办公费	修理费	差旅费	其他	合计	
2	1	现付	1	购办公品				600				600	800
	2	现付	2	报招待费							700	700	1 300
	5	现付	5	报差旅费						1 200		1 200	2 500
	25	银付	9	付水电费			6 000					6 000	8 500
	26	转	7	一般领料	5 000							5 000	13 500
	28	转	9	分配工资		8 200						8 200	21 700
	28			本月合计	5 000	8 200	6 000	600		1 200	700	21 700	21 700
	28	转		转生产成本	5 000	8 200	6 000	600		1 200	700	21 700	0
	28			月末余量	0	0	0	0		0	0	0	0

收入明细账一般按贷方设多栏,这种明细账称为贷方多栏式明细账。如主营业务收入明细账按收入的来源设专栏。当这些账户出现借方发生额时,可用红字在贷方栏内冲转。以主营业务收入明细账为例,贷方多栏式明细账的一般格式如表 3-12 所示。

表 3-12　主营业务收入明细账

第　　页

| 2020年 || 凭证 || 摘要 | 贷方 |||| 余额 |
月	日	字	号		甲产品销售	乙产品销售	其他	合计	
2	1	银收	3	销售甲产品	400 000			400 000	400 000
	3	银收	8	销售甲产品	700 000			700 000	1 100 000
	3	现收	1	零星销售			900	900	1 100 900
	12	银收	8	销售乙产品		20 000		20 000	1 120 900
	23	银付	7	退甲产品	50 000			50 000	1 070 900

4. 平行式明细分类账

平行式明细分类账也称横线登记式明细分类账,其特点是将前后密切相关的经济业务,于核销账项时在同一行内进行登记,以检查每笔业务的完成及变动情况。这种格式适用于"物资采购"和某些应收、应付款项的明细核算,如"在途物资"账户,当材料购入未入库时,记入"在途物资"账户的借方,材料验收入库后,在"在途物资"账户的同一行内贷记这笔金额,由此可以查明哪几笔材料尚未验收入库,其基本格式如表 3-13 所示。

表 3-13 在途物资明细账

材料类别：B 材料　　　　　　　　　　　　　　　　　　　　　　　　第　　页

| 2020年 || 凭证 || 摘要 | 借方 ||| 贷方 ||| 结语 |
月	日	字	号		买价	采购费用	合计	月	日	凭证号	金额	
2	1			期初余额								0
	2	银付	1	采购	50 000	5 000	55 000	2	12	转2	55 000	
	5	银付	5	采购	70 000	5 000	75 000		15	转5	75 000	
	8	银付	8	采购	80 000	6 000	86 000					
	16	银付	13	采购	63 000	3 200	66 200		26	转12	66 200	

七、备查账簿的设置和登记

备查账簿是对日记账簿和分类账簿的补充，能够为加强经营管理提供必要的补充资料。备查账簿没有固定的格式，可以由各会计主体根据其经营管理的实际需要自行设计，根据有关业务内容进行登记。如对租入固定资产就需要设置备查账簿进行登记反映，其一般格式如表3-14所示。

表 3-14 租入固定资产登记账簿

固定资产名称	租约号数	出租单位	租入日期	每月租金	归还日期	备注
车床	2020—1	中华公司	2020.2.2	2 600	2020.7.2	
钻床	2020—2	新华公司	2020.3.1	3 000	2020.6.1	

八、会计账簿的登记规则

为了保证会计账簿记录准确、整洁，应当根据审核无误的会计凭证登记会计账簿。登记时，应将会计凭证日期、编号、业务内容摘要、金额和其他有关资料逐项登记入账，书写的文字和数字上面要留有适当空格，空格一般应占行高的二分之一。发生错误时应按规定的方法进行更正，不得刮、擦、挖、补，不得随意涂改或用褪色药水更改字迹，务求数字准确、摘要清楚、登记及时、字迹工整。

为使账簿记录清晰有效，登记账簿要用蓝黑墨水或碳素墨水书写，不得使用圆珠笔和铅笔书写。用红色墨水记账只限于下列情况：① 按照红字冲账的记账凭证，冲销错误记录；② 在不设借贷等栏的多栏式账页中，登记减少数；③ 在三栏式账户的余额栏前，如未印明余额方向的，在余额栏内登记负数余额；④ 统一会计制度规定的其他内容。

各种账簿按页次顺序连续登记，不得跳行或隔页登记。如果发生跳行、隔页，应将空行、空页划线注销，或者注明"此行空白""此页空白"字样，并由记账人员在更正处盖章。对各种账簿的账页，均不得任意抽掉或撕毁，以防舞弊。

账簿登记完毕后，应在记账凭证的"过账"栏内注明账簿的页数或画"√"，表示已经登记入账，并在记账凭证上签名或盖章。

各账户结出余额后，应在"借或贷"栏内写明"借"或"贷"。没有余额的账户，在"借或贷"栏内写"平"字，在"余额"栏内写"0"。

每一账页登记完毕，应在账页的最末一行加计本页发生额及余额，并在摘要栏内注明"过次页"，同时在新账页的首行记入上页加计的发生额和余额，并在摘要栏内注明"承前页"。如果不需要结计累计额的，可以只将每页末的余额结转至次页。

对需要结计本月发生额的账户，结计"过次页"的本页合计数应当为本月初起至本页止的发生额合计数；对需要结计本年累计发生额的账户，结计"过次页"的本页合计数应当为自年初起至本页末止的累计数。

会计账簿的各种记录应定期与有关账簿、凭证和实物相核对，并定期进行结账。

第二节 总分类账与明细分类账的平行登记

总分类账（简称总账）和明细分类账（简称明细账）统称分类账，是按账户对经济业务进行分类核算和监督的账簿。总账是按总分类科目开设的账户，对经济内容进行总括核算，提供总括性指标；明细账是按照明细分类科目开设的账户，对经济内容进行明细分类核算，提供具体而详细的核算资料。

一、总分类账与明细分类账的关系

总分类账和明细分类账既有内在联系，又有区别。

（一）总分类账与明细分类账的内在联系

总分类账与明细分类账的内在联系主要表现在以下两个方面：

二者所反映的经济业务内容相同，如"原材料"总账账户与其所属的"主要材料""辅助材料"等明细账户都用以反映材料的收发及结存业务。

登记账簿的原始凭证相同,登记总分类账与登记其所属明细分类账依据的原始凭证是相同的。即使登记总账依据的记账凭证同登记明细账依据的记账凭证可能有区别,登记总账依据的记账凭证(科目汇总表或汇总记账凭证)也是根据登记明细账依据的记账凭证汇总而形成的。

(二)总分类账与明细分类账的区别

总分类账与明细分类账的区别主要表现在以下两个方面:

第一,反映经济内容的详细程度不一样。总分类账反映资金增减变化的总括情况,提供总括资料;明细分类账反映资金运动的详细情况,提供某一方面的详细资料。总分类账只提供价值量信息,明细分类账除了提供价值量信息,还提供实物数量或劳动量、单价等信息。第二,作用不同。总分类账提供的经济指标是明细分类账资料的综合,对所属明细分类账起着统驭作用;明细分类账是对总分类账的补充,对总分类账起着详细说明的作用。

二、总分类账与明细分类账的平行登记

要想总分类账与其所属的明细分类账之间起统驭与补充的作用,便于账户核对,并确保核算资料的正确、完整,必须采用平行登记的方法,在总分类账及其所属的明细分类账中进行记录。平行登记是指经济业务发生后,根据会计凭证,一方面要登记有关的总分类账户,另一方面要登记该总分类账所属的各有关明细分类账户。

采用平行登记方法时应注意以下要点:

(一)依据相同

对于需要提供其详细指标的每一项经济业务,应根据审核无误后的记账凭证,一方面记入有关的总分类账户,另一方面记入同期总分类账所属的有关各明细分类账户。

(二)期间相同

这里所指的同期是在同一会计期间,而并非同一时点,因为明细分类账一般根据记账凭证及其所附的原始凭证于平时登记,而总分类账因会计核算组织程序不同,可能在平时登记,也可能定期登记,但登记总分类和明细分类账必须在同一会计期间内完成。

（三）方向相同

登记总分类账及其所属的明细分类账的方向应当相同。这里所指的方向，是指双方体现出来的信息变动方向，而不是记账方向。一般情况下，总分类账及其所属的明细分类账都按借方、贷方和余额设专栏登记，如存货账户和债权、债务结算账户就属于这种情况。但有些明细分类账户按组成项目设多栏记录，采用多栏式明细账格式。这种情况下，对于某项需要冲减有关组成项目额的事项，只能用红字记入其相反的记账方向，而与总分类账中的记账方向不同。如"财务费用"账户按其组成项目设置借方多栏式明细账，发生需冲减利息费用的存款利息收入时，总分类账记入贷方，而其明细分类账则以红字记入"财务费用"账户利息费用项目的借方，以其净发生额来反映利息净支出。这时，在总分类账及其所属的明细分类账中，就不可能按相同的记账方向（指借贷方向）进行登记，而只能以相同的变动方向进行登记。

（三）金额相等

金额相等即记入总分类账的金额与记入其所属的各明细分类账的金额相等，总分类账提供总括指标，明细分类账提供总分类账所记内容的具体指标，所以记入总分类账的金额与记入其所属各明细分类账的金额相等。此处的金额相等包含两层含义：第一，总分类账与记入其所属的明细分类账的期初余额、期末余额及本期发生额三个指标都应该相等；第二，总分类账与记入其所属的各明细分类账的发生额相等，是指各明细分类账的金额合计数与总分类账发生额的金额合计数相等，并不是某一个发生额相等，也不一定都是借方发生额之和与贷方发生额之和分别相等。如"财务费用"账户的明细账，在采用借方多栏式账户时，在本月既有存款利息收入也有存款利息支出的情况下，发生的利息收入在"财务费用"总账记入贷方，但在明细账中以红字金额记入借方，此时总账的借方发生额合计数与明细账的借方发生额合计数就不相等。但"财务费用"总账的借方发生额之和与贷方发生额之和抵减后，与其明细账的借方发生额合计数相等。

在会计核算工作中，可以利用上述关系检查账簿记录的正确性。检查时，根据总分类账与明细分类账之间的数量关系，编制明细分类账的本期发生额和余额明细表，同其相应的总分类账本期发生额和余额相互核对，以检查总分类账与记入其所属明细分类账记录的正确性。明细分类账本期发生额和余额明细表根据不同的业务内容，可以分别采用不同的格式。

现以材料核算为例，对总分类账和明细分类账的平行登记加以说明。

【例3-1】某企业2020年5月份的"原材料"总账及其明细账（甲、乙材料账的月初余额）如表3-15至表3-17所示。本月发生的原材料相关业务如下：

（1）5月3日购入甲材料50公斤，每公斤单价100元；购入乙材料20公斤，每公斤单价150元，货款已用银行存款支付，材料已验收入库。根据这一经济业务，其会计分录为：

　　借：原材料——甲材料　　　　　　　　　　5 000

　　　　　　　　——乙材料　　　　　　　　　　3 000

　　　贷：在途设备　　　　　　　　　　　　　8 000

（2）5月5日生产产品领用甲材料40公斤，每公斤单价99元；乙材料10公斤，单价152元。发出材料的会计分录为：

　　借：生产成本　　　　　　　　　　　　　　5 000

　　　贷：原材料——甲材料　　　　　　　　　3 000

　　　　　　　　——乙材料　　　　　　　　　8 000

根据上述资料及会计分录对"原材料"总账及甲、乙材料明细账进行平行登记，如表3-15至表3-17所示。

表3-15　原材料总账

会计科目：原材料　　　　　　　　　　　　　　　　　　第　　页

2020年		凭证		摘要	借方	贷方	借或贷	余额
月	日	字	号					
5	1			期初余额			借	8 545
	3	转	1	材料入库	8 000		借	16 545
	5	转	2	生产领用		5 480	借	11 065
	31			本月合计	8 000	5 480	借	11 065

表3-16　原材料明细账

类别：甲材料　　　　　　　　　　　　　　储备定额：
品名及规格：　　　　　　　　　　　　　　最高储备量：
存储地点：　　　　　　　　　　　　　　　最低储备量：
计量单位：千克　　　　　　　　　　　　　　　　　　　第　　页

2020年		凭证		摘要	收入			发出			结语		
月	日	字	号		数量	单价	金额	数量	单价	金额	数量	单价	金额
5	1		1	月初余额							25	97	2 425
	3	转	1	材料入库	50	100	5 000				75	99	7 425
	5	转	2	生产领用				40	99	3 960	35	99	3 465
	31			本月合计	50	100	5 000	40	99	3 960	35	99	3 465

表 3-17　原材料明细账

类别：乙材料　　　　　　　　　　　　　储备定额：
品名及规格：　　　　　　　　　　　　　最高储备量：
存储地点：　　　　　　　　　　　　　　最低储备量：
计量单位：千克　　　　　　　　　　　　　　　　　　　　　　　第　　页

2020年		凭证		摘要	收入			发出			结语		
月	日	字	号		数量	单价	金额	数量	单价	金额	数量	单价	金额
5	1		1	月初余额							40	153	6 120
	3	转	1	材料入库	20	150	3 000				60	152	9 120
	5	转	2	生产领用				10	152	1 520	50	152	7 600
	31			本月合计	20	150	3 000	10	152	1 520	50	152	7 600

从表 3-15 至表 3-17 中可看出，明细账期初余额之和、本期发生额之和以及期末结存额之和，与总账相对应的指标是相等的，即：

期初余额：2 425 + 6 120 = 8 545（元）

本期购进：5 000 + 3 000 = 8 000（元）

本期发出：3 960 + 1 520 = 5 480（元）

期末结存：3 465 + 7 600 = 11 065（元）

由于总分类账和明细分类账是按平行登记的方法进行登记的，因此对总分类账和明细分类账登记的结果，应当进行相互核对，核对通常是通过编制总分类账与明细分类账发生额及余额对照表进行的。对照表的格式和内容如表 3-18 所示。

表 3-18　总分类账与明细分类账发生额及余额对照表

账户名称	月初余额		发生额		月末余额	
	借方	贷方	借方	贷方	借方	贷方
甲材料明细账	2 425		5 000	3 960	3 465	
乙材料明细账	6 120		3 000	1 520	7 600	
材料总分类账户	8 545		8 000	5 480	11 065	

总分类账和明细分类账的这种有机联系，是检查账簿记录的理论依据。一般在期末都要进行相互核对，以便发现错账并及时加以更正，保证账簿记录准确无误。

第三节　错账的更正方法

在记账过程中可能会发生账簿记录错误。对于账簿记录中发生的错误，必须视具体情况的不同，按照规定的方法来进行更正。错账更正的方法一般有划线更正法、补充登记法和红字更正法三种。

一、划线更正法

划线更正法也称为红线更正法，是指用红线划销账簿的错误记录，并在划线上方写出正确记录的一种方法。这种方法适用于期末结账前发现账簿记录有错误，而记账凭证并无错误，只是过账时不慎发生文字或数字记录笔误情况。更正的步骤是：先在错误的文字或数字上画一条红色横线，表示注销；然后将正确的文字或数字用蓝字或黑字写在被注销的文字或数字的上方，并由记账人员在更正处盖章，以明确责任。但应注意，对于错误的数字，应当全部划销，不能只划销写错的个别数字，并且对划销的数字，不允许全部涂抹，应当使原有字迹仍能辨认，以备日后查考。

【例3-2】龙盛公司2020年5月4日以现金支付行政管理部门购买的文具用品1 357元，已编制现金付款凭证，借记管理费用1 357元，贷记库存现金1 357元。记账员根据记账凭证登记管理费用明细账时，将1 357元误记为1 537元。

更正的方法是：将管理费用明细账中的错误数字"1 537"全部用红线注销，然后用蓝字在其上方写上正确的数字"1 357"，并加盖记账员名章，不能只删改"53"两个数字。

正确的更正方法	错误的更正方法
1 375（盖章）	35（盖章）
~~1 537~~	1 537

二、补充登记法

补充登记法也称蓝字补记法，适用于记账后发现记账凭证中所记金额小于应记金额，而应借、应贷的会计科目以及记账方向并无错误，致使账簿记录错误的情况。更正的步骤是：会计科目、借贷方向不变，只将正确数字与错误数字之间的差额，即少记的金额用蓝字填制一张记账凭证，在摘要栏内写明"补记某月某日第×号记账凭证少记金额"，并据以登记入账，补充少记的金额。

【例3-3】龙盛公司2020年5月15日购入机器设备一台，用银行存款支付价款46 000元。（假定不考虑增值税）

（1）编制"银付8号"记账凭证时，将应记入"固定资产"和"银行存款"科目的46 000元误记为4 600元，并已登记入账，即已经编制记账凭证并据以入账，其分录内容如下：

  借：固定资产   4 600

   贷：银行存款   4 600

此类错误，科目与方向无误，只是少记金额，更正时应采用补充登记法将少记的41 400（46 000-4 600）元用蓝字填制一张记账凭证，并据以登记入账。

（2）补充2020年5月15日"银付8号"记账凭证少记金额时，填制一张新的记账凭证，其分录内容为：

  借：固定资产   41 400

   贷：银行存款   41400

然后依据该记账凭证分别登记银行存款、固定资产账户。登记有关账户的更正记录如图3-1所示。

银行存款		固定资产	
期初余额×××	本期发生：	期初余额×××	
	（1）4 600	本期发生：（1）4 600	
	（2）41 400	（2）41 400	

图3-1 补充登记法

三、红字更正法

红字更正法又称红字冲销法，是指用红字冲销原来的错误记录，以更正和调整账簿记录的一种方法。这种方法适用于除前述两类记账错误之外的别的类型的记账错误，这些错误总的来说又可以划分为以下两种情况：

第一种情况是：记账后，发现记账凭证中应借、应贷的会计科目有错误；会计科目无误，但记账方向发生错误；科目与方向都发生错误，从而致使账簿记录出现错误。更正的步骤是：先用红字填制一张与原错误记账会计科目、借贷方向和金额完全相同的记账凭证，在摘要栏注明"冲销某月某日第×号记账凭证"，并据以用红字登记入账，以冲销原记账凭证与账簿的错误记录；然后用蓝字填制一张正确的记账凭证，在摘要栏内写明"更（订）正某月某日第×号记账凭证"，并据以登记入账。

【例3-4】龙盛公司2020年5月5日专设销售机构领用5 600元原材料。

（1）编制"转字6号"记账凭证时将应记入"销售费用"科目5 600元误记为"管理费用"科目5 600元，并已登记入账，即错误的记账凭证的会计分录为：

  借：管理费用   5 600
   贷：原材料   5 600

更正时，先用红字金额（以下用"☐"表示红字）填制一张与原错误记账凭证相同的记账凭证，并用红字登记入账。

（2）冲销2020年5月5日"转字6号"记账凭证错误时：

  借：管理费用 |5 600|
   贷：原材料 |5 600|

然后用蓝字填制一张正确的记账凭证，并据以登记入账。

（3）更（订）正2020年5月5日"转字6号"记账凭证时：

  借：销售费用   5 600
   贷：原材料   5 600

以上有关账户的更正记录如图3-2所示。

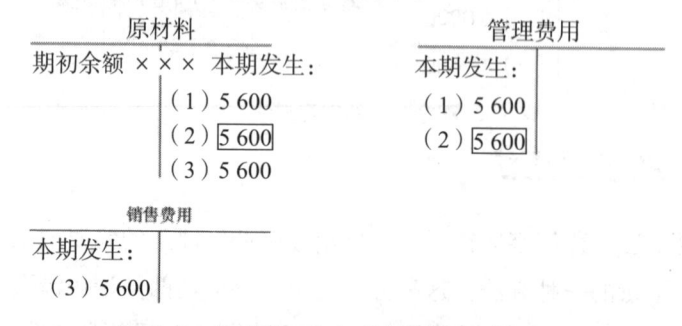

```
      原材料                        管理费用
期初余额×××  本期发生：        本期发生：
              (1) 5 600          (1) 5 600
              (2) |5 600|        (2) |5 600|
              (3) 5 600

      销售费用
本期发生：
(3) 5 600
```

图3-2 红字更正法中"冲销与更正"（一）

第二种情况是：记账后，发现记账凭证所记金额大于应记金额，致使账簿记录错误，而应借、应贷的会计科目与记账方向并无错误，这时也应采用红字更正法予以更正。更正的步骤是：会计科目与借贷方向不变，只将正确数字与错误数字之间的差额，即多记的金额用红字填制一张记账凭证，在摘要栏内写明"冲销某月某日第×号记账凭证多记金额"，并据以登记入账，以冲销多记的金额。

【例3-5】龙盛公司2020年5月8日购买材料2 500元，货款尚未支付（假定忽略增值税）。

（1）编制"转字9号"记账凭证时，将应记入"在途物资"和"应付账款"科目的2 500元误记为25 000元，并已登记入账，即错误的记账凭证的会计分录为：

  借：在途物资   25 000
    贷：应付账款   25 000

更正时，应将多记的22 500（25 000-2 500）元用红字填制一张记账凭证，并据以登记入账。

（2）冲销2020年5月8日"转字9号"记账凭证多记金额时，记账凭证的会计分录为：

  借：在途物资 |25 000|
    贷：应付账款 |25 000|

以上有关账户的更正记录如图3-3所示。

应付账款	在途物资
本期发生： （1）25 000 （2）|22 500|	本期发生： （1）25 000 （2）|22 500|

图3-3 红字更正法中"冲销与更正"（二）

第四节　对账与结账

一、对账

对账，简单地说，就是对账簿记录的有关数据加以检查和核对。会计账簿是根据审核无误的会计凭证登记的，一般来讲，不应出现错误。然而，有时可能发生凭证编制错误、漏记、重记、误记等情况，或者在过账环节因疏忽发生了误记，导致会计账簿登记的金额或方向、账户与会计凭证的信息不一致，这样势必影响会计账簿记录的正确性。因此，在记账以后、结账以前，必须对账簿中所记内容进行核对，以做到账证相符、账账相符、账实相符，从而保证会计信息的可靠性。

对账的内容包括账证核对、账账核对和账实核对，基本要求是确保账证相符、账账相符和账实相符。

（一）账证核对

账证核对是指对账簿记录与有关的记账凭证或原始凭证（包括汇总原始凭证）进行核对，核对会计账簿记录与原始凭证或记账凭证的时间、凭证字号、内容、金额是否一致，记账方向是否相符，一旦发现账证有不相符的情况，就应采用适当的更正方法进行更正。此项工作可随时开展，以减轻月末核对工作量。如果月末进行账账核对，发现账账出现不相符的情况，还应回过头来进行账证核对。

（二）账账核对

账账核对是利用账簿与账簿之间的钩稽关系来检查账簿记录是否正确的一种核对方法。账账核对的主要内容包括以下几个方面：

总分类账各账户的本期借方发生额之和与本期贷方发生额之和的核对，总分类账各账户的借方期末余额之和与贷方期末余额之和的核对。总分类账各账户的本期借方发生额之和与本期贷方发生额之和应相等，总分类账各账户的借方期末余额之和与贷方期末余额之和应相等。

总分类账与其所属明细分类账的核对。由于总账与其所属明细分类账是进行平行登记的，因此总账的期末余额应与其所属明细分类账的期末余额之和相等，总账的本期借（贷）方发生额应与其所属明细分类账的借（贷）方发生额之和相等。

现金（银行存款）日记账的本期收入合计数、期末结余数与现金（银行存款）总账的借方本期发生额、贷方发生额、期末余额的核对。现金（银行存款）日记账的本期收入合计数、支出合计数、期末结余数应与现金（银行存款）总账的借方本期发生额、贷方发生额、期末余额相等。

会计部门的财产物资明细账与财产物资保管和使用部门的有关明细账的核对。会计部门的财产物资明细账与财产物资保管和使用部门的有关明细账的期末余额应相等。

（三）账实核对

账实核对是对账簿记录与有关财产物资的实存数量进行定期或不定期的

核对，核对的主要内容包括以下几个方面：

对现金日记账余额与库存现金进行核对，一般应每天至少核对一次。

对银行存款日记账余额与银行对账单定期进行核对，每月至少一次。

对应收、应付款明细账账面余额与有关债务、债权单位或者个人核对。

对各种财产物资明细账账面余额与财产物资实存数进行核对。

为了便于开展对账工作，对账前，可先用铅笔结算账户的记录。对账后，如无错误，再用钢笔按要求填写正确。如果对账中出现问题，应及时查清原因，并运用适当的方法进行更正。

二、结账

会计核算的基本前提之一是会计分期。通常会计按年度分期，但为了计算季度、月份的盈亏，提供季度、月份的会计报告，以便详细、具体地反映企业的资产、负债及权益变化情况，及时为经营管理者提供必备的信息资料，会计也需按季度、月份分期。因此，会计在每一个会计期间（如一个月、一个季度、一个年度）期末必须结账。所谓结账，就是结算账户记录，即将一定时期内发生的经济业务登记入账后，结算出账户本期发生额和余额，将余额结转下期或新的账簿的会计行为。

（一）结账前的准备工作

为了及时、正确地结账，结账前必须做好以下准备工作：

检查本期发生的所有经济业务是否已全部填制记账凭证，并已登记入账，如发现漏记，应及时补记。不得把将要发生的经济业务提前入账，也不得把本期已经发生的经济业务延至以后入账。

检查期末所有转账事项是否已编制转账凭证，并已登记入账。为了确保结账的正确性，在本期发生的各项经济业务全部入账的基础上，按权责发生制原则，将所有的收入、应摊销和预提的费用调整后入账；对于发生的债权、债务，已完工入库的产品成本，财产清查中发现的财产物资的盘盈、盘亏，应及时入账；对各种收入、成本、费用等账户的余额，应在有关账户中结转。

（二）结账的内容

结账的内容包括月末结账（月结）、季末结账（季结）、年末结账（年结）。

结账在会计期末进行,不能提前或推后结账。

1. 月结

一般来讲,月结时,首先将借贷双方月内发生额的合计数用蓝字填到账页中最末一行记录的下一行。同时,在摘要栏内加盖红色"本月合计"或"月计"戳记。然后,用红笔在月计栏的下面划一通栏单红线。

2. 季结

季结的结账方法与月结相同,但在摘要栏内注明"本季合计"字样。

3. 年结

12月31日需要做三个内容的结账,分别是12月份的月结、第四季度的季结以及全年度的年结。年结应在摘要栏内加盖"本年累计"的红色戳记。

(三)结账的方法

结账需要区分不同类型的账户,分别采用不同的结账方法。

1. 总账的结账

总账的月结是在每个月记账结束后,在下一行摘要栏填写"本月合计",将该月的借方发生额与贷方发生额进行合计,并填写余额信息,之后在"本月合计"行的下边线画通栏单红线;季结在每个季度最后一个月的"本月合计"下一行摘要栏填写"本季合计",金额栏填写该季度的合计数,并填写余额信息,然后在"本季合计"行的下边线画通栏单红线;年结在第四季度的"本季合计"行下一行摘要栏填写"本年累计",金额栏填写该年度的合计数,并填写余额信息。在"本年累计"栏下面画通栏双红线。在"本年累计"的下边一行,将本年年末余额以反方向填入有关借贷方栏内,并在摘要栏内加盖"结转下年"戳记,在借或贷栏填列"平"或"0",表示借贷双方平衡和年度记账工作结束。在下一会计年度新建有关会计账簿的第一行金额栏内填写上年结转的余额,并在摘要栏内注明"上年结转"字样。总账(原材料总分类账)的结账方法如表3-19所示。

表 3-19 原材料总分类账

2020年		凭证		摘要	发生额		借或贷	余额
月	日	字	号		借方	贷方		
1	1			上年结转			借	30 000
1	2	略	略	入库	20 000		借	50 000
1	12	此处通栏划单红线		发出		24 000	借	26 000
				…	…	…		…
1	31			本月合计	48 000	34 000	借	44 000
2	1			入库	5 000		借	49 000
2	5			发出		5 000	借	44 000
2	10			发出		29 000	借	15 000
				…	…	…		…
2	28			本月合计	29 000	52 000	借	21 000
⋮	⋮			⋮	⋮	⋮		⋮
12	…	此处通栏划单红线						
12	31			本月合计	53 000	64 000	借	28 000
12	31			本季合计	170 000	190 000	借	28 000
12	31			本年合计	763 000	765 000	借	28 000
				结转下年				

此处通栏划双红线

2. 明细账与日记账的结账

（1）不需按月结计本期发生额的账户（如往来明细账等）。每次记账以后，都要随时结出余额，每月最后一笔余额即为月末余额。月末结账时，只需要在最后一笔经济业务事项记录下画通栏单红线，与下期的记录分开来，不需要进行本月合计。以应收账款为例，其月末结账方法如表3-20所示。

表 3-20 应收账款明细分类账

明细科目：A公司

2020年		凭证		摘要	发生额		借或贷	余额
月	日	字	号		借方	贷方		
1	1			上年结转			借	200 000
1	9	略	略	销售甲商品	300 000		借	500 000
1	12	此处通栏划单红线		收回前欠款		270 000	借	230 000
1	29			销售乙商品	600 000	…	借	830 000
2	1			期初余额			借	830 000

（2）需要进行本月合计的账户（如存货类、成本类、应交增值税等明细账户）。这类账户的结账方法与总账账户类似，参见表3-19。

（3）需要结计本年累计发生额的明细账户（如损益类明细账、货币资金日记账等）。这类账户结账时，应在"本月合计"行下结出自年初起至本月月末止的累计发生额，登记在月份发生额下面，在摘要栏内注明"本年累计"，并在下面画通栏单红线。12月末的"本年累计"就是全年累计发生额，下面画通栏双红线。以银行存款日记账为例，其月末结账方法如表3-21所示。

表3-21 银行存款日记账

2020年		凭证		摘要	发生额		借或贷	余额
月	日	字	号		借方	贷方		
1	1			上年结转			借	50 000
1	7			…	…			…
1		略	略	…		…	借	10 000
2	1			期初余额			借	10 000
2	6			销售甲商品	150 000		借	160 000
2	15			偿还工行贷款		100 000	借	60 000
2	26			销售乙商品	90 000		借	150 000
2	29			本月合计	240 000	100 000	借	150 000
2	29			本年累计	…	…	借	…
1	1			期初余额			借	…

（此处通栏划单红线、此处通栏划单红线、此处通栏划双红线）

第五节 会计账簿的更换与保管

一、会计账簿的更换

会计账簿的更换是指在会计年度终了时，将上年度的账簿更换为次年度的新账簿。在每一会计年度结束、新会计年度开始时，应按会计制度的规定，更换一次总账、日记账和大部分明细账。一小部分明细账还可以继续使用，如固定资产明细账、财产物资明细账和债权债务明细账可以跨年度使用，不必每年更换一次。备查账也可以跨年度连续使用。

更换账簿时，应将上年度各账户的余额直接记入新年度相应的账簿中，并在旧账簿各账户年终余额的摘要栏内加盖"结转下年"戳记。同时，在新账簿相关账户的第一行摘要栏内加盖"上年结转"戳记，并在余额栏内记入上年余额。

二、会计账簿的保管

会计账簿是会计工作的重要历史资料，也是重要的经济档案，在经营管理中具有重要作用。因此，每一个企业、单位都应按照国家有关规定，加强对会计账簿的管理，做好账簿的管理工作。

账簿的保管，应该明确责任，保证账簿的安全和会计资料的完整，防止交接手续不清和可能发生的舞弊行为。在账簿交接保管时，应将该账簿的页数、记账人员姓名、启用日期、交接日期等列表附在账簿的扉页上，并由有关人员签字盖章。账簿要定期（一般为年终）收集，审查核对，整理立卷，装订成册，专人保管，严防丢失和损坏。

账簿应按照规定期限保管。各账簿的保管期限分别为：日记账、总账、明细账的保管期限为30年，固定资产卡片在固定资产报废清理后应继续保存5年，其他辅助性账簿也应该保存30年。保管期满后，要按照会计档案管理办法的规定，由财会部门和档案部门共同鉴定，经报批准后进行处理。

合并、撤销单位的会计账簿，要根据不同情况，分别移交给并入单位、上级主管部门或主管部门指定的其他单位接收保管，并由交接双方在移交清册上签名盖章。

账簿日常应由各自分管的记账人员专门保管，未经领导和会计负责人或有关人员批准，不许非经管人员翻阅、查看、摘抄和复制会计账簿。除非特殊需要或司法介入要求，一般不允许携带外出。

新会计年度对更换下来的旧账簿应进行整理、分类，对缺少手续的账簿，应补办必要的手续，然后装订成册，并编制目录，办理移交手续，按期归档保管。

对会计账簿的保管既是会计人员应尽的职责，又是会计工作的重要组成部分。

第四章 财务报告

第一节 财务报告概述

一、财务报告的定义与种类

（一）财务报告的定义

财务报告（即财务会计报告）是指企业对外提供的反映企业某一特定日期的财务状况和某一会计期间经营成果、现金流量等会计信息的文件。财务报告的主要作用是向财务报告使用者提供真实、公允的信息，用于落实和考核企业领导人经济责任的履行情况，并帮助包括所有者在内的财务报告使用者做出经济决策。我国《企业财务会计报告条例》第三条规定，企业不得编制和对外提供虚假的或者隐瞒重要事实的财务会计报告。企业负责人对该企业财务会计报告的真实性、完整性负责。

（二）财务报告的种类

国务院于2000年6月发布的《企业财务会计报告条例》规定，企业的财务报告分为年度、半年度、季度和月度财务报告。月度、季度财务报告是指月度和季度终了时提供的财务报告；半年度财务报告是指在每个会计年度的前6个月结束后对外提供的财务报告；年度财务报告是指年度终了时对外提供的财务报告。其中，半年度、季度和月度财务报告统称为中期财务报告。

我国企业年度财务报告的会计期间是每年的公历1月1日至12月31日；半年度财务报告的会计期间是每年的公历1月1日至6月30日，或7月1日至12月31日；季度财务报告的会计期间是公历每一季度；月度财务报告的会计期间则是公历每月1日至本月最后一日。

二、财务报告的构成

财务报告包括会计报表及其附注和其他应当在财务报告中披露的相关信息和资料,即财务情况说明书。企业对外提供的财务报告的内容、会计报表种类和格式、会计报表附注的主要内容等,由会计准则规定。企业内部管理需要的会计报表由企业自行规定。

(一)会计报表

财务报表是对企业财务状况、经营成果和现金流量的结构性表述。企业对外提供的财务报表至少包括资产负债表、利润表、现金流量表、所有者权益(或股东权益)变动表和附注。

(二)会计报表附注

会计报表附注是对在资产负债表、利润表、现金流量表和所有者权益变动表等报表中列示项目的文字描述或明细资料,以及对未能在这些报表中列示项目的说明等。

(三)财务情况说明书

财务情况说明书是企业对一定时期(通常为一年)财务、成本等情况进行分析、总结所形成的书面文字说明,是对会计报表的补充,是决算报告的组成部分。财务情况说明书是对企业一定会计期间内生产经营、资金周转、利润实现及分配等情况的综合性分析报告,是年度财务会计报告的重要组成部分。

三、财务报告的基本要求

(一)财务报告的质量要求

会计核算应当以实际发生的交易或事项为依据,如实反映企业的财务状况、经营成果和现金流量。这是对会计工作的基本要求,如果会计信息不能真实反映企业的实际情况,会计工作就失去存在的意义,甚至会误导会计信息使用者,导致经济决策的失误。

企业应当按照《企业财务会计报告条例》的规定,编制和对外提供真实、完整的财务报告。

财务报告的真实性，是指企业的财务报告要真实地反映经济业务的实际发生情况，不能人为地扭曲，以使企业财务报告使用者通过企业财务报告能够了解有关单位实际的财务状况、经营成果和现金流量。财务报告的完整性，是指企业提供的财务报告要符合规定的格式和内容，不得漏报或者任意取舍，以使企业财务报告使用者全面地了解有关单位的整体情况。

（二）财务报告的时间要求

会计信息的价值在于帮助所有者或其他方面做出经济决策，如果不能及时提供会计信息，经济环境发生了变化，这些信息也就失去了应有价值，无助于经济决策。所以，企业的会计核算应当及时进行，不得提前或延后。

企业应当依照有关法律、行政法规规定的结账日进行结账。年度结账日为公历年度每年的12月31日；半年度、季度、月度结账日分别为公历年度每半年、每季、每月的最后一天，并且要求月度财务报告应当于月度终了后6天内（节假日顺延，下同）对外提供；季度财务报告应当于季度终了后15天内对外提供；半年度财务报告应当于年度中期结束后60天内（相当于两个连续的月份）对外提供；年度财务报告应当于年度终了后4个月内对外提供。

（三）财务报告的形式要求

企业对外提供的会计报表应当依次编定页码，加具封面，装订成册，加盖公章。封面上应当注明企业名称、企业统一代码、组织形式、地址、报表所属年度或者月份、报出日期，并由企业负责人、主管会计工作的负责人和会计机构负责人（会计主管人员）签名并盖章。设置总会计师的企业，还应当由总会计师签名并盖章。

（四）财务报告的编制要求

在编制财务报告的过程中，企业应遵守下列要求：

企业在编制年度财务报告之前，应当全面清查资产、核实债务，包括结算款项、存货、投资、固定资产、在建工程等。在年度中间，应根据具体情况，对各项财产物资和结算款项进行重点抽查、轮流清查或者定期清查。企业清查核实后，应当将清查核实的结果及其处理办法向企业的董事会或者相应机构报告，并根据国家统一会计准则的规定进行相应的会计处理。

企业在编制财务报告前，除了要全面清查资产、核实债务，还要做好结账和对账工作，并检查会计核算中可能存在的各种需要调整的情况。

企业应当按照国家统一的会计准则规定的会计报表格式和内容，根据登记完整、核对无误的会计账簿记录和其他有关资料编制财务报告，做到内容完整、数字真实、计算准确，不得漏报或者任意取舍。会计报表之间、会计报表各项目之间，凡有对应关系的数字，应当一致；会计报表中本期与上期的有关数字应当相互衔接。会计报表附注和财务情况说明书应当对会计报表中需要说明的事项给出真实、完整、清楚的说明。

第二节 资产负债表

一、资产负债表概述

资产负债表是反映企业在某一特定日期（月末、季末、年末）财务状况的报表。它是根据"资产＝负债＋所有者权益"这一平衡等式，按照一定的分类标准和一定的次序，对某一特定日期的资产、负债和所有者权益的具体项目予以适当排列编制而成的。资产负债表可以全面反映企业在某一特定日期所拥有或控制的经济资源、所承担的现时义务和所有者对净资产的要求权，帮助财务报表使用者全面了解企业的财务状况、分析企业的偿债能力等情况，从而为其做经济决策提供依据。

资产负债表主要反映资产、负债和所有者权益三方面的内容，并满足"资产＝负债＋所有者权益"平衡式。

（一）资产

资产反映由过去的交易或事项形成的并由企业在某一特定日期所拥有或控制的，预期会给企业带来经济利益的资源。资产应当按照流动资产和非流动资产两大类别在资产负债表中列示，在流动资产和非流动资产类别下进一步按性质分项列示。

流动资产是指预计在一年或超过一年的一个正常营业周期中变现、出售或耗用的经济资源。资产负债表中列示的流动资产项目通常包括货币资金、交易性金融资产、应收票据及应收账款、预付款项、其他应收款、存货、合同资产、持有待售资产、一年内到期的非流动资产和其他流动资产等。

非流动性资产是指不能在一年或者超过一年的一个营业周期内变现或者耗用的资产。非流动资产是指流动资产以外的资产。资产负债表中列示的非流动资产项目通常包括债权投资、其他债权投资、长期应收款、长期股权投资、其他权益工具投资、其他非流动金融资产、投资性房地产、固定资产、在建工程、无形资产、开发支出、长期待摊费用、递延所得税资产以及其他非流动资产等。

（二）负债

负债反映在某一特定日期企业所承担的、预期会导致经济利益流出企业的现时义务。负债应当按照流动负债和非流动负债在资产负债表中进行列示，在流动负债和非流动负债类别下再进一步按性质分项列示。

流动负债是指预计在一年或一个正常营业周期中清偿，或者主要为交易目的而持有，或者自资产负债表日起一年内（含一年）到期应予以清偿，或者企业无权自主将清偿推迟至资产负债表日后一年以上的负债。资产负债表中列示的流动负债项目通常包括短期借款、交易性金融负债、应付票据及应付账款、预收款项、合同负债、应付职工薪酬、应交税费、其他应付款、持有待售负债、一年内到期的非流动负债等。

非流动负债是指流动负债以外的负债。非流动负债项目通常包括长期借款、应付债券、长期应付款、预计负债、递延收益、递延所得税负债和其他非流动负债等。

（三）所有者权益

所有者权益是指企业资产扣除负债后的剩余权益，反映企业在某一特定日期股东（投资者）拥有的净资产的总额。所有者权益一般按照实收资本、其他权益工具、资本公积、其他综合收益、盈余公积和未分配利润分项列示。

二、资产负债表的结构

资产负债表一般由表头、表体两部分组成。表头部分应列明报表名称、编制单位名称、资产负债表日期、报表编号和计量单位；表体部分是资产负债表的主体，列示了用以说明企业财务状况的各个项目。资产负债表的表体格式一般有两种：报告式资产负债表和账户式资产负债表。报告式资产负债表是上下结构,上半部分列示资产各项目,下半部分列示负债和所有者权益各项目。账户式资产负债表是左右结构,左边列示资产各项目,反映全部资产的分布及存在形态;右边列示负债和所有者权益各项目,反映全部负债和所有者权益的内容及构成情况。无论采取什么格式,资产各项目的合计等于负债和所有者权益各项目的合计这一等式不变。

我国企业的资产负债表采用账户式结构,分为左右两方。左方为资产项目,按资产的流动性大小排列,流动性大的资产如"货币资金""交易性金融资产"等排在前面,流动性小的资产如"长期股权投资""固定资产"等排在后面。右方为负债及所有者权益项目,负债一般按要求清偿时间的先后顺序排列,"短期借款""应付票据及应付账款"等需要在一年以内或者长于一年的一个正常营业周期内偿还的流动负债排在前面,"长期借款"等在一年以上才需偿还的非流动负债排在中间,在企业清算之前不需要偿还的所有者权益项目排在后面。所有者权益按产生的先后顺序排列,反映投入资本的项目在前,反映留存收益的项目在后。

账户式资产负债表中资产各项目的合计数等于负债和所有者权益各项目的合计数,即资产负债表左方和右方平衡。因此,账户式资产负债表可以反映资产、负债、所有者权益之间的内在关系,即"资产=负债+所有者权益"。

三、资产负债表的编制方法

根据有关规定,企业编制的年度、半年度财务报表应至少反映两个年度或者相关连续两个会计期间的比较数据,即本期"期末余额"与"年初余额"(上一会计期间期末数)。这种形式的资产负债表称为比较资产负债表。

(一)"年初余额"的填列方法

"年初余额"栏内各项数字,应根据上年末资产负债表上的"期末余额"栏内所列数字填列。

(二)"期末余额"的填列方法

"期末余额"是指某一会计期末的数字,即月末、季末、半年末或年末的数字。概括来说,资产负债表各项目"期末余额"栏内的数据来源,主要通过以下几种方式取得:

1. 根据总账科目余额填列

如"短期借款""资本公积"等项目,根据"短期借款""资本公积"各总账科目的余额直接填列;有些项目则需根据几个总账科目的期末余额计算填列,如"货币资金"项目,需根据"库存现金""银行存款""其他货币资金"三个总账科目的期末余额的合计数填列。

2. 根据明细账科目余额计算分析填列

如"应付票据及应付账款"项目,需要根据"应付票据"科目的期末余额,以及"应付账款"和"预付账款"两个科目所属的相关明细科目的期末贷方余额填列;"应收票据及应收账款"项目,需要根据"应收票据"科目的期末余额和"应收账款""预收账款"两个科目所属的相关明细科目的期末借方余额,减去"坏账准备"科目中相关坏账准备期末余额后的金额填列;"预付款项"项目,需要根据"应付账款"科目借方余额和"预付账款"科目借方余额减去与"预付账款"有关的坏账准备贷方余额计算填列;"预收款项"项目,需要根据"应收账款"科目贷方余额和"预收账款"科目贷方余额计算填列;"开发支出"项目,需要根据"研发支出"科目中所属的"资本化支出"明细科目期末余额计算填列;"应付职工薪酬"项目,需要根据"应付职工薪酬"科目的明细科目期末余额计算填列;"一年内到期的非流动资产""一年内到期的非流动负债"项目,需要根据有关非流动资产和非流动负债项目的明细科目余额计算填列;"未分配利润"项目,需要根据"利润分配"科目中所属的"未分配利润"明细科目期末余额填列。

3. 根据总账科目和明细账科目余额分析计算填列

如"长期借款"项目,需要根据"长期借款"总账科目余额扣除"长期借款"科目所属的明细科目中将在一年内到期且企业不能自主地将清偿义务展期的长期借款后的金额计算填列;"其他非流动资产"项目,应根据有关科目的期末余额减去将于一年内(含一年)收回数后的金额计算填列;"其他非流动负债"项目,应根据有关科目的期末余额减去将于一年内(含一年)到期偿还数后的金额计算填列。

4. 根据有关科目余额减去其备抵科目余额后的净额填列

如资产负债表中"应收票据及应收账款""长期股权投资""在建工程"

等项目,应当根据"应收票据""应收账款""长期股权投资""在建工程"等科目的期末余额,减去"坏账准备""长期股权投资减值准备""在建工程减值准备"等备抵科目余额后的净额填列。"投资性房地产""固定资产"项目,应当根据"投资性房地产""固定资产"科目的期末余额,减去"投资性房地产累计折旧""投资性房地产减值准备""累计折旧""固定资产减值准备"等备抵科目的期末余额,以及"固定资产清理"科目期末余额后的净额填列;"无形资产"项目应当根据"无形资产"科目的期末余额,减去"累计摊销""无形资产减值准备"等备抵科目期末余额后的净额填列。

5. 综合运用上述填列方法分析填列

如资产负债表中的"存货"项目,需要根据"原材料""库存商品""委托加工物资""周转材料""材料采购""在途物资""发出商品""材料成本差异"等总账科目期末余额的分析汇总数,再减去"存货跌价准备"科目余额后的净额填列。

四、资产负债表的编制举例

【例 4-1】某股份有限公司为制造业企业,属于增值税一般纳税人,假设该公司 2019 年 12 月 31 日有关账户资料如表 4-1 所示。其余有关资料如下:

(1)长期借款中于一年内到期的借款数额为 100 000 元。

(2)"应收账款"账户的有关明细账户余额如下:

"应收账款——A 公司"借方余额 700 000 元;

"应收账款——B 公司"借方余额 500 000 元;

"应收账款——C 公司"贷方余额 200 000 元;

"坏账准备——应收账款"贷方余额 6 000 元。

(3)"预付账款"账户的有关明细账户余额如下:

"预付账款——甲公司"借方余额 60 000 元;

"预付账款——乙公司"贷方余额 10 000 元。

表 4-1 南方公司 2019 年 12 月 31 日有关账户余额表

账户名称	借方余额	贷方余额
库存现金	20 000	
银行存款	1 800 000	
其他货币资金	80 000	
应收票据	150 000	
应收账款	1 000 000	
坏账准备（应收账款坏账准备）		6 000
应收股利	8 000	
预付账款	50 000	
其他应收款	2 000	
在途物资	85 000	
原材料	270 000	
库存商品	400 000	
生产成本	60 000	
长期股权投资	500 000	
长期股权投资减值准备		4 000
固定资产	1 500 000	
累计折旧		50 000
在建工程	300 000	
无形资产	800 000	
短期借款		100 000
应付票据		400 000
应付账款		1 200 000
预收账款		20 000
其他应付款		5 000
应收职工薪酬		100 000
应付股利		8 000
应交税费		155 000
长期借款		500 000
实收资本		3 000 000
资本公积		500 000
盈余公积		200 000
利润分配		777 000
合计	7 025 000	7 025 000

现将上述资料进行归纳分析后填入资产负债表，分析如下：

（1）"货币资金"项目 = "库存现金" 20 000 + "银行存款" 1 800 000 + "其他货币资金" 80 000 = 1 900 000（元）。

（2）"应收票据及应收账款"项目 = "应收票据"期末余额 150 000 + "应收账款"期末明细借方余额 1 200 000（700 000 + 500 000）- "坏账准备"贷方余额 6 000 = 1 344 000（元）。

· 76 ·

（3）"预付款项"项目＝"预付账款"期末借方余额60 000＋"应付账款"期末明细借方余额0＝60 000（元）。

（4）"其他应收款"项目＝"其他应收款"期末余额2 000＋"应收股利"8 000＝10 000（元）。

（5）"存货"项目＝"在途物资"85 000＋"原材料"270 000＋"库存商品"400 000＋"生产成本"60 000＝815 000（元）。

（6）"长期股权投资"项目＝"长期股权投资"期末余额500 000－"长期股权投资减值准备"4 000＝496 000元。

（7）"固定资产"项目＝"固定资产"期末余额1 500 000－"累计折旧"贷方余额 50 000＝1 450 000（元）。

（8）"应付票据及应付账款"项目＝"应付票据"期末余额400 000＋"应付账款"贷方余额1 200 000＋"预付账款"明细贷方余额10 000＝1 610 000（元）。

（9）"预收账款"项目＝"预收账款"期末余额20 000＋"应收账款"明细贷方余额200 000＝220 000（元）。

（10）"其他应付款"项目＝"其他应付款"期末余额5 000＋"应付股利"期末余额8 000＝13 000（元）

（11）"长期借款"项目＝"长期借款"期末余额500 000－长期借款中于一年内到期的借款100 000＝400 000（元）。

第三节　利润表

一、利润表概述

利润表又称损益表，是反映企业在一定会计期间经营成果的财务报表。利润表可以反映企业在一定会计期间收入、费用、利润（或亏损）的金额和构成情况，帮助财务报表使用者全面了解企业的经营成果，分析企业的获利能力及盈利增长趋势，从而为其做经济决策提供依据。

利润表包括的项目主要有营业收入、营业成本、税金及附加、销售费用、管理费用、研发费用、财务费用、资产减值损失、信用减值损失、其他收益、投资收益、公允价值变动收益、资产处置收益、营业利润、营业外收入、营业外支出、利润总额、所得税费用、净利润、其他综合收益的税后净额、综合收益总额、每股收益等。

二、利润表的结构

利润表的结构有单步式和多步式两种。单步式利润表是将当期所有的收入列在一起，所有的费用列在一起，然后将两者相减得出当期净损益。我国企业的利润表采用多步式格式，即通过按性质对当期的收入、费用、支出项目进行归类，按利润形成的主要环节列示一些中间性利润指标，分步计算当期净损益，以便财务报表使用者理解企业经营成果的不同来源。

利润表一般由表头、表体两部分组成。表头部分应列明报表名称、编制单位名称、编制日期、报表编号和计量单位。表体部分是利润表的主体，列示了形成经营成果的各个项目和计算过程。

为了使财务报表使用者通过比较不同期间利润的实现情况，判断企业经营成果的未来发展趋势，企业需要提供比较利润表。为此，利润表还需要将各项目再分为"本期金额"和"上期金额"两栏分布填列。

三、利润表的编制方法

（一）利润表编制的步骤

我国编制企业利润表主要分为以下五个步骤：

①以营业收入为基础，减去营业成本、税金及附加、销售费用、管理费用、研发费用、财务费用、资产减值损失、信用减值损失，加上其他收益、投资收益（或减去投资损失）、公允价值变动收益（或减去公允价值变动损失），加上资产处置收益（或减去资产处置损失），计算出营业利润。

②以营业利润为基础，加上营业外收入，减去营业外支出，计算出利润总额。

③以利润总额为基础，减去所得税费用，计算出净利润（或净亏损）。

④以净利润（或净亏损）为基础，计算每股收益。

⑤以净利润（或净亏损）和其他综合收益为基础，计算综合收益总额。

利润表各项目均需填列"本期金额"和"上期金额"两栏,其中"上期金额"栏内各项数字应根据上年同期利润表的"本期金额"栏内所列数字填列。"本期金额"栏内各期数字,除了"基本每股收益"和"稀释每股收益"项目,其他应当按照相关科目的发生额分析填列。如"营业收入"项目,根据"主营业务收入""其他业务收入"科目的发生额分析计算填列;"营业成本"项目,根据"主营业务成本""其他业务成本"科目的发生额分析计算填列。

(二)利润表各项目的填报说明

"营业收入"项目,反映企业经营主要业务和其他业务所确认的收入总额。本项目应根据"主营业务收入"和"其他业务收入"科目的发生额分析填列。

"营业成本"项目,反映企业经营主要业务和其他业务所发生的成本总额。本项目应根据"主营业务成本"和"其他业务成本"科目的发生额分析填列。

"税金及附加"项目,反映企业经营业务应负担的消费税、城市建设维护税、教育费附加、资源税、土地增值税及房产税、车船税、城镇土地使用税、印花税等相关税费。本项目应根据"税金及附加"科目的发生额分析填列。

"销售费用"项目,反映企业在销售商品过程中发生的包装费、广告费等费用和为销售本企业商品而专设的销售机构的职工薪酬、业务费等经营费用。本项目应根据"销售费用"科目的发生额分析填列。

"管理费用"项目,反映企业为组织和管理生产经营而发生的管理费用。本项目应根据"管理费用"科目的发生额分析填列。

"研发费用"项目,反映企业在研究与开发过程中发生的费用化支出。本项目应根据"管理费用"科目下的"研发费用"明细科目的发生额分析填列。

"财务费用"项目,反映企业为筹集生产经营所需资金等而发生的筹资费用。本项目应根据"财务费用"科目的发生额分析填列。其中,"利息费用"项目,反映企业为筹集生产经营所需资金等而发生的应予以费用化的利息支出,本项目应根据"财务费用"科目的相关明细科目的发生额分析填列;"利息收入"项目,反映企业确认的利息收入,本项目应根据"财务费用"科目的相关明细科目的发生额分析填列。

"资产减值损失"项目,反映企业各项资产发生的减值损失。本项目应根据"资产减值损失"科目的发生额分析填列。

"信用减值损失"项目,反映企业计提的各项金融工具减值准备所形成的预期信用损失。本项目应根据"信用减值损失"科目的发生额分析填列。

"其他收益"项目，反映计入其他收益的政府补助等，本项目应根据"其他收益"科目的发生额分析填列。

"投资收益"项目，反映企业以各种方式对外投资所取得的收益。本项目应根据"投资收益"科目的发生额分析填列。如为投资损失，本项目以"-"号填列。

"公允价值变动收益"项目，反映企业应当计入当期损益的资产或负债公允价值变动收益。本项目应根据"公允价值变动损益"科目的发生额分析填列。如为净损失，本项目以"-"号填列。

"资产处置收益"项目，反映企业出售划分为持有待售的非流动资产（金融工具、长期股权投资和投资性房地产除外）或处置组（子公司和业务除外）时确认的利得或损失，以及处置未划分为持有待售的固定资产、在建工程、生产性生物资产及无形资产而产生的处置利得或损失；在债务重组中因处置非流动资产而产生的利得或损失、在非货币性资产交换中换出非流动资产而产生的利得或损失也包括在本项目内。本项目应根据"资产处置损益"科目的发生额分析填列；如为处置损失，以"-"号填列。

"营业利润"项目，反映企业实现的营业利润。如为亏损，本项目以"-"号填列。

"营业外收入"项目，反映企业发生的除营业利润之外的收益，主要包括债务重组利得、与企业日常活动无关的政府补助、盘盈利得、捐赠利得（企业接受股东或股东的子公司直接或间接的捐赠，经济实质属于股东对企业的资本性投入的除外）等。本项目应根据"营业外收入"科目的发生额分析填列。

"营业外支出"项目，反映企业发生的与经营业务无直接关系的各项支出，主要包括债务重组损失、公益性捐赠支出、非常损失、盘亏损失、非流动资产毁损报废损失等。本项目应根据"营业外支出"科目的发生额分析填列。

"利润总额"项目，反映企业实现的利润。如为亏损，本项目以"-"号填列。

"所得税费用"项目，反映企业应从当期利润总额中扣除的所得税费用。本项目应根据"所得税费用"科目的发生额分析填列。

"净利润"项目，反映企业实现的净利润。如为亏损，本项目以"-"号填列。

"其他综合收益的税后净额"项目，反映企业根据企业会计准则规定未在损益中确认的各项利得和损失扣除所得税影响后的净额。

"综合收益总额"项目，反映企业净利润与其他综合收益（税后净额）的合计金额。

"每股收益"项目，包括"基本每股收益"和"稀释每股收益"两项指标，反映普通股或潜在普通股已公开交易的企业，以及正处在公开发行普通股或潜在普通股过程中的企业的每股收益信息。

四、利润表的编制举例

【例 4-2】某股份有限公司为制造业企业，属于增值税一般纳税人，假设该公司 2019 年 12 月有关损益类账户的发生额如表 4-2 所示。

表 4-2 利润表有关损益类账户的发生额

账户名称	借方发生额	贷方发生额
主营业务收入		12 500 000
其他业务收入		250 000
投资收益		10 000
营业外收入		250 000
主营业务成本	8 500 000	
其他业务成本	160 000	
税金及附加	550 000	
销售费用	500 000	
管理费用	1 100 000	
财务费用	1 000 000	
营业外支出	100 000	
所得税费用	275 000	

根据上述资料，计算各项目内容如下：

营业收入 = 12 500 000 + 250 000 = 12 750 000（元）

营业成本 = 8 500 000 + 160 000 = 8 660 000（元）

营业利润 = 12 750 000-8 660 000-550 000-500 000-1 100 000-1 000 000 + 10 000 = 950 000（元）

利润总额 = 950 000 + 250 000-100 000 = 1 100 000（元）

净利润 = 1 100 000-275 000 = 825 000（元）

编制利润表，如表 4-3 所示。

表 4-3 利润表

项目	本期金额	上期金额（略）
一、营业收入	12 750 000	
减：营业收入	8 660 000	
税金及附加	550 000	
销售费用	500 000	
管理费用	1 100 000	
研发费用		
财务费用	1 000 000	
其中：利息费用		
利息收入		
资产减值损失		
信用减值损失		
加：其他收益		
投资收益（损失以"-"号填列）	10 000	
其中：对联营企业和合营企业的投资收益		
公允价值变动损益（损失以"-"号填列）		
资产处置收益（损失以"-"号填列）		
二、营业利润（亏损以"-"号填列）	950 000	
加：营业外收入	250 000	
减：营业外支出	100 000	
三、利润总额（亏损总额以"-"号填列）	1 100 000	
减：所得税费用	275 000	
四、净利润（亏损以"-"号填列）	825 000	
五、其他综合收益的税后净额		
（一）以后不能重分类进损益的其他综合收益		
（二）以后将重分类进损益的其他综合收益		
六、综合收益总额		
七、每股收益		
（一）基本每股收益		
（二）稀释每股收益		

第四节　现金流量表和所有者权益变动表

一、现金流量表

（一）现金流量表的概念与作用

1. 现金流量表的概念

现金流量表是反映企业一定时期内经营活动、投资活动和筹资活动对其现金及现金等价物所产生影响的财务报表，用来揭示企业进行经营活动、投资活动和筹资活动所引起的各种现金流入、流出与净流量的情况。

2. 现金流量表的作用

企业编制现金流量表的目的是，为财务报表使用者提供企业一定时期内现金及现金等价物流入、流出与净流量的情况，以便财务报表使用者能够更好地了解和评价企业获取现金及现金等价物的能力，并据此预测未来的现金流量。现金流量表的作用主要有以下几个方面：

（1）现金流量表可以帮助财务报表使用者分析企业现金流入和流出的原因

现金流量表将现金流量划分为经营活动的现金流量、投资活动的现金流量和筹资活动的现金流量三个方面，并按照流入现金和流出现金项目分别反映。如企业当期从银行借入200万元，偿还利息1万元，在现金流量表的筹资活动产生的现金流量中分别反映借款200万元，支付利息1万元。因此，现金流量表能够反映企业现金流入与流出的原因，即现金是从哪里来的，又流到哪里去了。这些信息是资产负债表和利润表不能提供的。

（2）现金流量表可以提供企业收益质量方面的相关信息

利润表列示的利润反映了企业在一定期间的经营成果。但是，净利润是根据权责发生制原则编制出来的，它包含那些销售已经实现但尚未收到货款的销售收入，并没有直接体现企业已实现的利润中哪些是已经收到货款的，哪些是尚未收到货款的，这不利于企业对现金的充分利用——有些企业虽然有很高的净利润，但还是会因为资金周转问题而破产、倒闭。现金流量表中经营活动产生的现金流量很好地揭示了那些已收到货款的销售，通过比较它和净利润，可以判断企业收益的质量，从而提高企业现金的利用效率。

（3）现金流量表能够说明企业偿还债务和支付股利的能力

企业在一定期间获得的利润并不代表其真正具有偿还或支付能力。在某些情况下，虽然利润表反映的经营业绩很可观，但企业还是不能偿还到期债务；虽然有些利润表反映的经营成果并不可观，但企业却有足够的偿债能力。现金流量表可以使投资者、债权人等了解企业获得现金的能力和现金偿付的能力，为筹资提供有用的信息，也可以使有限的资源流向最能产生效益的地方。

（4）现金流量表能够帮助财务报表使用者分析企业未来获取现金的能力

现金流量表反映了企业一定期间内现金流入与流出的整体情况，说明企业现金从哪里来，又用到哪里去。现金流量表中经营活动产生的现金流量，代表企业运用经济资源创造现金流量的能力，便于投资者分析企业一定期间内产生的净利润与进行经营活动产生的现金流量的差异；投资活动产生的现金流量，代表企业运用资金产生现金流量的能力；筹资活动产生的现金流量，代表企业筹资获得现金流量的能力。通过现金流量表及其他财务信息，企业可以分析企业未来获取或支付现金的能力。

（二）现金流量表的内容与格式

1. 现金流量表的内容

（1）现金的内容

现金流量表中使用的"现金"概念，包括库存现金、银行存款、其他货币资金和现金等价物。现金等价物主要是指企业持有的期限短、流动性强、易于转换为已知金额现金、价值变动风险很小的投资。现金等价物虽然不是现金，但其支付能力与现金的差别不大，可视为现金。如企业为保证支付能力，手持必要的现金，为了不使现金闲置，可以购买短期债券，在需要现金时，随时可以变现。短期债券期限较短，一般是指从购买日起，三个月内到期。通常三个月内到期或清偿的国库券、可转让定期存单及银行承兑汇票等皆可列为现金等价物。企业应当根据具体情况确定现金等价物的具体范围，按照一致性原则确定划分标准。

（2）经营活动产生的现金流量

对企业而言，经营活动的业务主要包括购买原材料、对原材料进行加工生产产品，最后进行产品销售。经营活动既有企业现金的增加（现金收入），也有现金的减少（现金流出）。

经营活动产生的现金流入主要包括销售商品、提供劳务收到的现金，以及收到的税费的返还。

经营活动产生的现金流出主要包括购买原材料支付的现金，为工人支付工资，支付广告费、办公费等的现金，这些都是经营活动产生的现金流出。与投资、筹资活动所产生的现金流量相比，对企业而言，经营活动所产生的现金流量更为重要。

（3）投资活动产生的现金流量

投资活动中的"投资"是广义的概念，既包括对外投资，也包括对内投资。对外投资主要是指不包括现金等价物在内的投资和处置活动；对内投资主要是指企业长期资产，如固定资产、无形资产的购建和处置活动。

投资活动产生的现金流入主要包括投资股票收到的股利、投资债券收到的利息、收回投资收到的现金，以及处置长期资产收到的现金。例如，公司购买国债每年收到的利息收入，国债到期收回本金时收到的现金。

投资活动产生的现金流出主要包括购买股票、债券等付出的现金，购买厂房和设备等支付的现金。

（4）筹资活动产生的现金流量

筹资活动是指企业筹集资金的活动。企业筹集资金的来源有两个，即吸收投资者的投资和向银行等金融机构借入的款项。所以，企业的筹资活动具体是指企业吸收投资者投资、发行股票、向银行借款和发行企业债券，以及企业支付股利、偿还利息和到期偿还本金等活动。

筹资活动产生的现金流入包括企业收到投资者投入的资金、向银行贷款借入的资金。例如，企业发行股票筹集资金，购买股票的投资者通过证券公司支付的投资款已经划到企业账上。

筹资活动产生的现金流出包括企业向投资者支付利息、支付股利以及到期偿还债务本金，如企业每年向股东支付现金股利的现金流出。

2. **现金流量表的格式**

现金流量表分为主表和补充资料，其主表的基本格式如表4-4所示。

表 4-4 现金流量表 会企 01 表

编制单位：　　　　　　　　　年　月　　　　　　　　　　　　　元

项目	本期金额	上期金额
一、经营活动产生的现金流量：		
销售商品、提供劳务收到的现金		
收到的税费返还		
收到其他与经营活动有关的现金		
经营活动现金流入小计		
购买商品、接受劳务支付的现金		
支付给职工以及为职工支付的现金		
支付的各项税费		
支付其他与经营活动有关的现金		
经营活动现金流出小计		
经营活动产生的现金流量净额		
二、投资活动产生的现金流量：		
收回投资收到的现金		
取得投资收益收到的现金		
处置固定资产、无形资产和其他长期资产收回的现金净额		
处置子公司及其他营业单位收到的现金净额		
收到其他与投资活动有关的现金		
投资活动现金流入小计		
购建固定资产、无形资产和其他长期资产支付的现金		
投资支付的现金		
取得子公司及其他营业单位支付的现金		
支付其他与投资活动有关的现金		
投资活动现金流出小计		
投资		
三、筹资活动产生的现金流量：		
吸收投资收到的现金		
其中：子公司吸收少数股东投资收到的现金		
取得借款收到的现金		
发行债券收到的现金		
收到其他与筹资活动有关的现金		
筹资活动现金流入小计		
偿还债务支付的现金		
分配股利、利润或偿付利息支付的现金		
其中：子公司支付给少数股东的股利、利润		
支付其他与筹资活动有关的现金		
筹资活动现金流出小计		
筹资活动产生的现金流量净额		
四、汇率变动对现金及现金等价物的影响		
五、现金及现金等价物净增加额		
加：期初现金及现金等价物余额		
六、期末现金及现金等价物余额		

二、所有者权益变动表

（一）所有者权益变动表概述

所有者权益变动表是指反映构成所有者权益各组成部分当期增减变动情况的报表。

所有者权益变动表既可以为财务报表使用者提供所有者权益总量增减变动的信息，也可以为其提供所有者权益增减变动的结构性信息，特别是能够让财务报表使用者理解所有者权益增减变动的根源。

（二）所有者权益变动表的结构

在所有者权益变动表上，企业至少应当单独列示反映下列信息的项目：①综合收益总额；②会计政策变更和差错更正的累积影响金额；③所有者投入的资本和向所有者分配的利润等；④提取的盈余公积；⑤实收资本、其他权益工具、资本公积、盈余公积、未分配利润的期初和期末余额及其调节情况。

所有者权益变动表以矩阵的形式列示：一方面，列示导致所有者权益发生变动的交易或事项，即所有者权益变动的来源，对一定时期所有者权益的变动情况进行全面反映；另一方面，按照所有者权益各组成部分（即实收资本、其他权益工具、资本公积、库存股、其他综合收益、盈余公积、未分配利润），列示交易或事项对所有者权益各部分的影响。

第五节 财务报表附注

一、财务报表附注概述

附注是对资产负债表、利润表、现金流量表和所有者权益变动表等报表中列示项目的文字描述或明细资料，以及对未能在这些报表中列示项目的说明等。附注主要起以下两个方面的作用：

附注的披露，是对资产负债表、利润表、现金流量表和所有者权益变动表列示项目含义的补充说明，以帮助财务报表使用者更准确地把握其含义。

例如，通过阅读附注中披露的有关固定资产折旧政策的说明，财务报表使用者可以掌握报告企业与其他企业在固定资产折旧政策上的异同，以便进行更准确的比较。

附注提供了对资产负债表、利润表、现金流量表和所有者权益变动表中未列示项目的详细或明细说明。例如，通过阅读附注中披露的存货增减变动情况，财务报表使用者可以了解资产负债表中未单列的存货分类信息。

通过了解附注与资产负债表、利润表、现金流量表和所有者权益变动表列示项目的相互参照关系，以及对未能在财务报表中列示项目的说明，财务报表使用者可以全面了解企业的财务状况、经营成果和现金流量以及所有者权益的情况。

二、财务报表附注的主要内容

附注是财务报表的重要组成部分。根据企业会计准则的规定，企业应当按照如下顺序披露附注的内容：

（1）企业的基本情况，包括以下几种：① 企业注册地、组织形式和总部地址；② 企业的业务性质和主要经营活动；③ 母公司以及集团最终母公司的名称；④ 财务报告的批准报出者和财务报告批准报出日，或者以签字人及其签字日期为准；⑤ 营业期限有限的企业，还应当披露有关营业期限的信息。

（2）财务报表的编制基础。

（3）遵循企业会计准则的声明。

（4）重要会计政策和会计估计。

（5）会计政策和会计估计变更以及差错更正的说明。

（6）报表重要项目的说明。企业应当按照资产负债表、利润表、现金流量表、所有者权益变动表及其项目列示的顺序，采用文字和数字描述相结合的方式对报表重要项目的说明进行披露。

（7）或有和承诺事项、资产负债表日后非调整事项、关联方关系及其交易等需要说明的事项。

（8）有助于财务报表使用者评价企业管理资本的目标、政策及程序的信息。

企业应当在附注中披露在资产负债表日后、财务报告批准报出日前提议或宣布发放的股利总额和每股股利金额（或向投资者分配的利润总额）。

第五章　会计财务管理

随着我国经济社会的高速发展，市场经济体制日益健全，企业不断扩大其经营规模，在这样的背景下，加强会计财务管理尤为必要。

第一节　财务管理概论

一、财务管理相关概念

（一）资金运动

财务管理的对象是财务管理工作的客体，即企业的资金及其运动过程。资金运动是企业再生产过程中客观存在的经济现象，其存在的基础是商品经济。企业的再生产过程由使用价值的生产过程和价值的生产过程组成。其中，使用价值的生产过程指物资的生产和交换过程，又称物资的实物运动过程；价值的生产过程即物资的价值运动过程，指价值的形成与实现过程，通常用货币来表现。物资的价值运动过程实际上就是资金运动过程，从货币资金形态开始，依次经过储备资金、生产资金、成品资金、结算资金，最终又回到货币资金形态。

具体来讲，企业资金的运动过程表现为：①筹集资金，通过各种渠道、采取恰当的方式取得货币资金；②支付货币资金，购建厂房、设备和原材料，形成生产能力和换取生产对象，货币资金转化为固定资金和储备资金；③通过生产，原材料依次形成在产品、产成品、储备资金转变为生产资金和成品资金；④销售产成品，形成结算性债权，收回货币资金；⑤以部分货币资金缴纳税金和分配利润。企业再生产过程不断进行，资金运动也周而复始，这便形成了资金循环。

企业资金运动拥有特殊的规律，从总体上考察主要有以下两方面：

资金运动具有空间上的并存性和时间上的继起性，即在空间上同时并存于货币资金和采购、存储、生产、销售、分配阶段的各种资金，在时间上各阶段的资金相继向下一阶段转换。如果资金过多地集中于某一阶段，而其他阶段的资金出现短缺或空白，循环过程就会出现障碍。因此，财务管理要求进行资金的合理配置，保证资金周转畅通无阻。

资金运动同物资运动存在是既相一致又相背离的关系。一方面，物资运动是资金运动的基础，资金运动反映物资运动，两者具有相互一致的关系，体现了再生产过程的实物形态和价值形态本质上的必然联系；另一方面，资金运动又可能背离物资运动，呈现出一定的独立性。比如，赊购、赊销商品等结算原因造成的实物和货币资金在流量上的不一致，固定资产折旧等物质损耗原因造成的价值单方面减值等。因此，从事财务管理工作既要着眼于物资运动，保证供产销活动的顺利进行；又要充分利用上述背离性，合理组织资金运动，以较少的价值投入获取较多的使用价值，提高企业经济效益。

（二）财务活动

财务管理的对象决定着财务管理的内容，财务管理的内容是财务管理对象的具体化。由于财务管理对象是企业再生产过程中的资金运动，所以财务管理的内容就是管理企业资金运动中所表现出来的各个具体方面，通常包括资金的筹集、运用、收回及分配等一系列行为，这便是财务活动。从整体上讲，它包括筹资活动、投资活动、营运活动和分配活动。

1. 筹资活动

资金是企业的推动力，筹集资金是企业资金运动的起点，是企业投资的必要前提。企业取得资金以及由此产生的一系列经济活动便构成了企业的筹资活动。在筹资过程中，企业一方面要确定合理的筹资规模，另一方面还要通过选择筹资渠道、筹资方式，确定合理的资本结构，从而降低筹资成本。

企业取得的资金从性质上来讲，不外乎有两种：一种是通过向投资者吸收直接投资、发行股票、利用内部留存收益等方式取得资金，该种资金为权益资金；另一种则是通过银行贷款、发行债券、利用商业信用等方式取得资金，即负债资金。

2. 投资活动

企业筹集的资金只有投入使用，才能与劳动者相结合创造效益，增加企业的价值。企业对资金的运用包含两方面的内容，即将资金投放于长期资产或短期资产。企业将资金投放于长期资产，便是投资活动；而将资金用于短期资产，则为营运活动。财务管理中的投资活动有广义和狭义之分。广义的投资活动既包括企业内部使用资金的过程（如购置固定资产、无形资产等），也包括对外投放资金的过程（如购买其他企业的股票、债券或与其他企业联营等）；狭义的投资活动仅指对外投资。无论是对内投资，还是对外投资，都会有资金的流出；企业收回投资，如处置固定资产、转让债券等，又会引起资金的流入。这种由资金的投放引发的资金的收支活动就是投资活动。

3. 营运活动

企业短期资金的周转是随着日常生产经营循环而实现的。企业在日常经营活动中，会发生一系列的资金收付业务。这些收付业务具体表现为：企业运用资金购买原材料并组织劳动者对其进行加工，直至将其加工成可供销售的商品，同时又向劳动者支付劳务报酬以及支付各种期间费用。企业用资金来偿付这些料、工、费的消耗，会引起资金的流出；产品销售出去后，取得收入又会形成资金的流入。这种因企业日常经营活动引起的各种资金收支活动就是资金营运活动。

4. 分配活动

企业通过对内外投资、销售商品等活动取得收益，即表明企业获得了利润，企业的利润要按规定的程序进行分配。首先，要依法纳税；其次，要用来弥补亏损，提取盈余公积金、公益金；最后，要向投资者分配利润。这种因实现利润并对其进行分配而引起的各种资金收支活动就是分配活动。

（三）财务关系

财务关系是指企业在组织财务活动的过程中与各有关方面发生的经济利益关系。通常情况下，企业存在以下七类基本的财务关系：

1. 企业与投资者之间的财务关系

企业与投资者之间的财务关系主要是指投资者要按照投资合同、协议、章程约定，履行出资义务，形成企业的资本金。企业利用资本金进行经营，获得利润后，按照出资比例或合同、章程规定，向投资者支付报酬。投资者的出资不同，对企业承担的责任也不同，在企业享有的权益也不同。

2. 企业与债权人之间的财务关系

企业与债权人之间的财务关系主要指企业向债权人借入资金，并按借款合同的规定，按时支付利息和归还本金所形成的经济关系。企业的债权人主要有债券持有人、贷款机构、商业信用提供者，以及其他出借资金给企业的单位和个人。

3. 企业与受资者之间的财务关系

企业与受资者之间的财务关系主要是指企业以购买股票或直接投资的形式向其他企业投资所形成的经济关系。企业向其他单位投资，应按约定履行出资义务，并依据其出资份额参与受资企业的经营管理和利润分配。企业之所以将资金投给其他企业，而不是借给它们，主要是由于受资者所提供的高额回报。

4. 企业与债务人之间的财务关系

企业与债务人之间的财务关系主要是指企业将其资金以购买债券、提供借款或商业信用等形式，出借给其他单位所形成的经济关系。企业出借资金，而不是投放资金，主要是由于资金的安全性。

5. 企业内部各单位之间的财务关系

企业内部各单位之间的财务关系主要是指企业内部各单位之间在生产经营各环节中相互提供产品或劳务所形成的经济关系。这种在企业内部形成的资金结算关系，体现了企业内部各单位之间的经济利益关系。

6. 企业与职工之间的财务关系

企业与职工之间的财务关系主要是指企业向职工支付劳动报酬过程中所形成的经济关系。职工以自身提供的劳动作为参加企业分配的依据，企业根据劳动者的劳动情况，向职工支付工资、津贴和奖金，体现了职工个人和企业在劳动成果上的按劳分配关系。

7. 企业与政府之间的财务关系

企业与政府之间的财务关系表现为企业必须按照税法规定，向政府缴纳各种税款，包括所得税、流转税、资源税、财产税和行为税等。这一关系体现了依法纳税和依法征税的税收权利义务关系，并具有强制性、无偿性的特点。

综上所述，由于财务管理的对象是企业的资金运动，财务管理的内容是组织财务活动、处理财务关系，因此从这个角度来讲，财务管理实质上就是组织好财务活动、处理好财务关系的一项经济管理工作。

二、财务管理目标

财务管理目标是企业进行财务活动要达到的根本目的，它决定着企业财务管理的基本方向。目前，最具代表性的财务管理目标主要有以下几种：

（一）利润最大化

利润是企业一定时期的收入补偿成本费用后的余额，是衡量企业经济效益和社会效益的重要指标。一方面，在市场竞争环境下，利润水平较高的企业可以在资本市场占据更有利的竞争位置，进而为企业获取更多的资源；另一方面，利润又是企业偿债能力的重要来源，企业通过留存部分利润实现资本增资和扩大生产规模。

利润最大化虽然可以作为财务管理目标，但在实践中也存在着一些问题：

1. 没有考虑资金的时间价值

比如，今年获利 300 万元和明年获利 300 万元对企业的影响显然是不同的。

2. 没有考虑风险问题

在复杂的市场经济条件下，忽视获利与风险并存可能会导致企业管理层不顾风险大小而盲目追求利润最大化。例如，两家企业年初都投入 10 万元，本年也都获利 1 万元。其中，一家企业的获利表现为现金形式，而另一家企业的获利则表现为应收账款。如果不考虑风险大小，就难以正确地判断哪一家更符合企业的目标。

3. 没有反映创造的利润与投入资本之间的关系

比如，同样获得 10 万元的利润，一家企业投入资本 100 万元，而另一家企业则投入 200 万元，若不与投入的资本额相联系，就难以判断哪家企业的效益更好。

4. 可能导致企业的短期财务决策倾向，影响企业长远发展

追求利润最大化很容易导致企业对自然资源采用"掠夺式经营"或对商业行为使用"一锤子买卖"等短期行为，以牺牲长期利益来换取短期利润的增加。例如，企业放弃战略发展性投资，一味地只顾使用现有设备而不注意维护与更新，使设备的完好状态受到影响。这样做的后果是，虽然短期内能增加利润，但丧失了长远的竞争力。更有甚者，为了多得利润，以拿到任职奖励或达到其他目的，采取少提折旧、少摊各种费用损失、多计收入或收益等手段，使企业虚盈实亏。

（二）股东财富最大化

以股东财富最大化作为财务管理目标，是近年来较为流行的一种观点。在股份制经济条件下，股东的财富由其所拥有的股票数量和股票市场价格两方面来决定。在股票数量一定的前提下，股票价格最高，股东财富也就达到了最大化。股东财富最大化，又演变为股票价格最大化。

以股东财富最大化为财务管理目标，存在以下一些缺点：

①通常只适用于上市公司，非上市公司难以应用；②股价受众多因素影响，不能完全、准确地反映企业财务管理状况；③它更多强调股东利益，而对其他相关者的利益不够重视。

（三）企业价值最大化

企业价值是指企业能在市场上实现的价值，即企业资产未来预期现金流的现值（该现值是以资金的时间价值为基础对未来现金流量进行折现计算得出的），而并非企业的账面价值总额。

该目标要求企业应采用最优财务政策，充分考虑资金的时间价值、风险与报酬的关系，在保证企业长期稳定发展的基础上，满足各方利益关系。只有这样，才能使企业总价值达到最大。

以企业价值最大化为财务管理目标，具有以下一些优点：

①考虑了资金的时间价值；②考虑了风险与报酬的关系；③避免了企业在追求利润过程中的短期行为，因为不仅过去和目前的利润会影响企业的价值，预期未来现金性利润也会影响企业价值；④用价值代替价格，克服了外界市场因素的过多干扰，有效地规避了企业的短期行为。

但该目标也存在以下一些缺点：

① 过于理论化，不易操作；② 对非上市公司而言，只有对企业进行专门的评估才能确定其价值；而在评估企业价值时，由于受评估标准和评估方式的影响，很难做到客观、准确。

（四）相关者利益最大化

在市场经济中，企业的理财主体更加细化和多元化。股东作为企业所有者，在企业中承担着最大的权利、义务、风险和报酬，但是债权人、员工、企业经营者、客户、供应商和政府也要承担相应风险。因此，在确定企业财务管理目标时，不能忽视这些相关利益群体的利益。在衡量相关者利益时，股东的评价指标可以使用股票市价；债权人可以寻求风险最小、利息最大；工人可以确保工资福利；政府可考虑社会效益等。

可见，以相关者利益最大化为目标，站在企业的角度进行投资研究，避免只站在股东的角度进行投资可能导致的一系列问题，有利于企业长期稳定发展。以相关者利益最大化为目标兼顾了企业、股东、政府、客户等多方面的利益，也就是将企业财富这块"蛋糕"做到最大的同时，确保每个利益主体所分得的"蛋糕"也最多，有利于实现企业经济效益和社会效益的统一。

因此，我们认为相关者利益最大化才是企业财务管理最理想的目标。但该指标不易量化或者说不能简单量化，它需要人事、销售甚至工会等企业内部各部门的相互配合，这样才能共同实现利益最大化。

（五）不同利益主体间的冲突及协调

在所有的利益冲突与协调中，所有者与经营者、所有者与债权人的利益冲突与协调最为重要。

1. 所有者与经营者间的利益冲突与协调

在所有权与经营权分离之后，股东的目标是实现财富最大化，因此会要求经营管理者尽最大的努力去实现这一目标。但经营管理者通常会偏离这一目标，他们的努力方向是：① 增加报酬，包括物质和非物质的，如工资、奖金、荣誉和社会地位等；② 增加闲暇时间和舒适享受；③ 避免风险，不愿意为实现股东财富最大化冒决策风险。

概括而言，经营管理者对股东目标的背离主要表现为如下两方面：

（1）道德风险

经营管理者从自身利益考虑，认为没必要为提高股价而冒风险，力保不出大错就行。这样做不构成法律和行政责任问题，股东很难追究他们的责任，甚至也无法从道德上予以谴责。

（2）逆向选择

经营管理者从自身利益出发，借口工作需要而乱花股东的钱。例如，装修豪华办公室、购置高档小汽车等，甚至采用不正当手段蓄意压低股票价格，以隐蔽的方式进行投机买卖，从中获利，致使股东利益受到损害。

面对经营管理者的上述做法，为了协调这一利益冲突，所有者通常会采用以下方式进行解决：

① 解聘。解聘是通过所有者约束经营者利益的一种协调方式。所有者对经营者予以监管，如果经营者绩效不佳，就可以解聘经营者。经营者为了不被解聘就需要努力工作。

② 接收。接收是通过市场约束经营者利益的一种协调方式。如果经营者决策失误、经营不力、绩效不佳，那么该企业就可能被其他企业强行接收或吞并，经营者也会被解聘。经营者为了避免被接收，就必须努力实现财务管理目标。

③ 激励。激励是通过将经营者的报酬与其绩效直接挂钩利益的一种协调方式。激励通常分为股票期权、绩效股激励等方式。

股票期权激励是指允许经营者以约定的价格购买一定数量的本企业股票，使经营者能够获得股票市场价格高于约定价格的收益。经营者为了获得更高的股本溢价收益，就必然会主动采取能够提高股价的积极措施，从而实现财务管理目标。

绩效股激励是指企业视经营者的绩效给予经营者一定数量的股票作为报酬，如果经营者的绩效未能达到规定的目标，经营者将失去原来持有部分的绩效股。经营者为了获得更多的绩效股，会不断采取措施提高经营绩效，并使股票市价稳步上升，从而增加所有者权益。

2. 所有者与债权人间的利益冲突与协调

企业向债权人借入资金后，股东与债权人之间就形成了委托代理关系。

债权人将资金贷给企业，其目的是到期收回本金，并得到约定的利息收入。所以，安全地收回本息是债权人的目标。企业借款的目的是扩大经营，增加股东财富，为此企业通常会将借入的资金投入高风险的项目。可见，二者的目标并不一致。

为协调所有者与债权人的上述矛盾，通常可采用以下方式：

（1）限制性借债

限制性借债是指在借款合同中加入某些限制性条款，如规定借款的用途、借款的担保条款和借款的信用条件等。

（2）收回借款或停止借款

收回借款或停止借款是指当债权人发现公司有侵蚀其债权价值的意图时，采取收回债权和不给予公司增加放款的方式，从而保护自身的权益。

三、财务管理环节

财务管理环节是指财务管理的工作步骤和一般程序。企业财务管理一般包括以下环节：

（一）财务预测

财务预测是指企业根据财务活动的历史资料（如往年的财务分析等），考虑现实条件与要求，运用特定方法对企业未来的财务活动和财务成果做出科学的预计或测算。财务预测是进行财务决策的基础，是编制财务预算的前提。财务预测所采用的方法主要有两种：一是定性预测，是指当企业缺乏完整的历史资料或有关变量之间不存在较为明显的数量关系时，专业人员进行的主观判断与推测；二是定量预测，是指企业根据比较完备的资料，运用数学方法建立数学模型，对事物的未来进行的预测。在实际工作中，通常将两者结合起来进行财务预测。

（二）财务决策

决策即决定。财务决策是指企业财务人员按照企业财务管理目标，利用专门方法对各种备选方案进行比较分析，并从中选出最优方案的过程。它不是拍板决定的瞬间行为，而是提出问题、分析问题和解决问题的全过程。财务决策是企业财务管理的核心，其成功与否直接关系到企业的兴衰成败。

（三）财务预算

财务预算是指企业运用科学的技术手段和数量方法，对未来财务活动的内容及指标进行综合平衡与协调的具体规划。财务预算是以财务决策确立的方案和财务预测提供的信息为基础编制的，是财务预测和财务决策的具体化，是财务控制和财务分析的依据，贯穿企业财务活动的全过程。

（四）财务控制

财务控制是指在财务管理过程中，利用有关信息和特定手段，对企业财务活动所施加的影响和进行的调节。实行财务控制是落实财务预算、保证预算实现的有效措施，也是责任绩效考评与奖惩的重要依据。

（五）财务分析

财务分析是指根据企业核算资料，运用特定方法，对企业财务活动过程及其结果进行分析和评价的一项工作。财务分析既是对本期财务活动的总结，也是进行下期财务预测的前提，具有承上启下的作用。通过财务分析，相关人员既可以掌握企业财务预算的完成情况、评价财务状况，又可以研究和掌握企业财务活动的规律，改善财务预测、财务决策、财务预算和财务控制，提高企业财务管理水平。

四、财务管理环境

财务管理环境又称理财环境，是指对企业财务管理产生影响的内外各种条件和因素的统称，按其存在的空间，可分为内部财务环境和外部财务环境。内部财务环境主要包括企业资本实力、生产技术条件、经营管理水平和决策者的素质等。

外部财务环境是指企业财务决策难以改变的外部约束条件，企业应提高财务行为对环境的适应能力、应变能力和利用能力，以更好地实现企业财务管理目标。财务管理的外部环境涉及的范围很广，下面主要介绍法律环境、经济环境和金融市场环境。

（一）法律环境

财务管理的法律环境是指企业进行财务活动、处理与各方经济关系时应遵守的各种法律、法规和规章。财务管理是一种社会行为，必然要受到法律法规的约束。与企业理财活动关系密切的法律法规包括以下几方面：

1. 企业组织法律规范

企业组织必须依法成立。组建不同的企业，要依照不同的法律规范。按组织形式，可将企业分为独资企业、合伙企业和公司，它们分别要遵守《中华人民共和国公司法》《中华人民共和国中外合资经营企业法》《中华人民共和国外资企业法》《中华人民共和国个人独资企业法》《中华人民共和国合伙企业法》《中华人民共和国合同法》（以下简称《合同法》）等。这些法律规范既是企业的组织法，又是企业的行为法。

2. 税务法律规范

税法是税收法律制度的总称，是调整税收征纳关系的法律规范。任何企业都有法定的纳税义务，与企业相关的税种主要有以下五种：① 所得税类：企业所得税、个人所得税；② 流转税类：增值税、消费税、营业税、城市维护建设税；③ 资源税类：资源税、土地使用税、土地增值税；④ 财产税类：财产税；⑤ 行为税类：印花税、车船使用税等。

3. 财务法规

财务法规主要有财务通则和分行业的财务制度，是专门规范企业财务活动的法规。《企业财务通则》是各类企业进行财务活动、实施财务管理的基本规范，对建立资本金制度、固定资产折旧、成本开支范围和利润分配等方面给出了规定。行业财务制度是为适应不同行业的特点和管理要求，由财政部依据《企业财务通则》制定的行业规范。

总体而言，法律环境对企业财务管理的影响和制约主要表现为以下三方面：

（1）在筹资活动中，国家通过法律规定了筹资的最低规模和结构，如《中华人民共和国公司法》规定股份有限公司注册资本的最低限额为人民币1 000万元；规定了筹资的前提条件和基本程序，如《中华人民共和国公司法》就对公司发行债券和股票的条件做出了严格的规定。

（2）在投资活动中，国家通过法律规定了投资的方式和条件，如《中华人民共和国公司法》规定股份公司的发起人可以用货币资金出资，也可以用实物、工业产权、非专利技术、土地使用权作价出资；规定了投资的基本程序、投资方向和投资者的出资期限及违约责任，如企业进行证券投资必须按照《中华人民共和国证券法》所规定的程序进行，企业投资必须符合国家的产业政策，符合公平竞争的原则。

（3）在经营、分配活动中，国家通过法律，如《中华人民共和国公司法》等规定了企业成本开支的范围和标准，企业应缴纳的税种及计算方法，利润分配的前提条件，利润分配的去向、一般程序及重大比例等。

（二）经济环境

经济环境是指影响企业财务管理的各种经济因素，它在影响财务管理的各种外部环境中占有较重要的地位。经济环境主要包括经济周期、经济发展水平、经济政策和通货膨胀水平等。

1. 经济周期

经济周期又称商业周期、景气循环，是指经济运行中呈周期性出现的经济扩张与经济紧缩交替更迭、循环往复的一种现象。经济周期一般分为复苏、繁荣、衰退和萧条四个阶段，处于不同阶段的企业，其财务管理也不尽相同。

2. 经济发展水平

一国或某一经济体的经济发展速度对企业财务管理也有重大影响。一国或某一经济体的经济飞速发展，能为企业扩大规模、调整方向、打开市场以及拓宽财务活动的领域带来许多机遇。同时，经济快速发展与资金紧张又是一对长期存在的矛盾，这又给企业财务管理带来了严峻的挑战。

3. 经济政策

经济政策是国家或政府制定的解决经济问题的一系列指导原则和措施。经济政策包括经济和社会发展战略、方针，如产业政策、财税政策、货币政策、收入分配政策等。经济政策直接或间接地影响企业的发展和财务活动的运行。例如，财税政策会影响企业的资本结构和投资项目的选择；金融货币政策会影响企业投资的资金来源和投资的预期收益；会计制度的改革会影响会计要素的确认和计量，进而影响企业财务预测、决策、分析等。

4. 通货膨胀水平

通货膨胀是指在一段时间内物价水平普遍上涨、单位货币的购买力下降的经济现象。通货膨胀形成的原因一般是，投入流通中的货币数量大大超过流通实际需要的数量，从而引起货币贬值。通货膨胀对企业财务活动的影响主要表现为：资金占用大量增加，资金需求压力增大；企业利润虚增，资金由于利润分配而流失；利润上升，加大企业权益资本成本；有价证券价格下降，资金供应紧张，增加企业筹资难度。企业在通货膨胀的不同阶段，应采取不同的财务策略防范和减轻通货膨胀对企业造成的不利影响。

（三）金融市场环境

金融市场是指资金供求双方交易的场所。它有广义和狭义之分。广义的金融市场既指实物资本流动的场所，也指货币资本流动的场所。其业务包括货币借贷、票据的承兑和贴现、有价证券的买卖、黄金和外汇的买卖、办理国内外保险、生产资料的产权交换等。狭义的金融市场仅指有价证券市场，即证券的发行和买卖市场。企业的筹资、投资活动是在一定的环境约束下进行的。金融市场是企业财务管理的直接环境，它不仅为企业筹资和投资提供场所，还促进资本的合理流动和优化配置。

1. 金融市场与企业财务管理的关系

（1）金融市场是企业筹资和投资的场所

金融市场集合了资金供应者和需求者，并提供各种金融工具和选择机会，使双方能够自由灵活地调度资金。对融资者来说，金融市场为其提供多种融资渠道，融资者可以根据自己的需要适时、有效地融通所需资金。对资金供应者来说，金融市场为其提供了各种投资工具，投资者可从中选择合适的投资方式，达到灵活使用资金并取得最大收益的目的。

（2）企业通过金融市场实现长短期资金的相互转化

在急需资金时，企业持有的股票、债券可在金融市场上转手变现，成为短期资金；远期票据通过贴现，可变为现金；大额可转让定期存单可在金融市场卖出，成为短期资金。与此相反，短期资金也可以在金融市场上转变为股票、债券等长期资金。

（3）金融市场为企业理财提供有用的信息

金融市场的利率波动反映资本供求的变动状况，有价证券市场的行市反映投资人对企业的经营状况和盈利水平的评价。这些都是企业经营和投资的重要依据。总之，金融市场作为资金融通的场所，是企业向社会融通资金必不可少的条件。企业财务人员必须熟悉金融市场的类型和管理规则，有效地利用金融市场来组织资金的供应和使用，发挥金融市场的积极作用。

2. 金融市场的种类

（1）按交易期限划分

金融市场按交易的期限，可分为短期资本市场和长期资本市场。短期资本市场是指期限不超过一年的资本交易市场。由于短期有价证券易变成货币或作为货币使用，所以短期资本市场也叫货币市场。短期资本市场主要有拆借市场、票据市场、大额定期存单市场和短期债券市场等。长期资本市场是指期限在一年以上的股票和债券交易市场。由于发行股票和债券的资金主要用于固定资产等资本货物的购置，所以长期资本市场也叫资本市场。长期资本市场的交易活动由发行市场和流通市场构成，其交易组织形式主要有证券交易所和柜台交易两种，其具体交易方式主要有现货交易、期货交易、期权交易和信用交易。

（2）按交割时间划分

金融市场按交割的时间，分为现货市场和期货市场。现货市场是指买卖双方成交后，当场或几天之内买方付款、卖方交出证券的交易市场；期货市场是指买卖双方成交后，在约定的未来某一特定时日才交割的交易市场。

（3）按交易性质划分

金融市场按交易的性质，分为发行市场和流通市场。发行市场是指从事新证券和票据等金融工具买卖的转让市场，也叫初级市场或一级市场；流通市场是指从事已上市的旧证券或票据等金融工具买卖的转让市场，也叫次级市场或二级市场。

3. 金融市场的构成要素

金融市场由主体、客体、参与人和调节机制组成。

（1）金融市场的主体

金融市场的主体即连接资金供应者和需求者的中介机构，由银行性质的金融机构和非银行性质的金融机构组成。目前，我国银行性质的金融机构主要有以下几种：

① 中国人民银行，是我国的中央银行，代表政府管理全国的金融机构和金融活动，主要负责制定货币政策、履行相关职责及经营国库业务；② 政策性银行，是由政府设立的，以贯彻国家产业政策、区域发展政策为目的，不以盈利为目的的金融机构，如国家开发银行、中国进出口银行、中国农业发展银行；③ 商业银行，是以经营存款、贷款、办理转账结算为主要业务，以盈利为主要经营目标的金融企业，如国有独资商业银行、股份制商业银行、外资商业银行。

而非银行性质的金融机构则通过经营保险业务、证券业务、代人理财业务和融资租赁业务等方式为企业投融资活动充当桥梁，如保险公司、信托投资公司、证券机构、财务公司、金融租赁公司等。

（2）金融市场的客体

金融市场的客体是指金融市场上的买卖对象，即金融资产，如票据、债券、股票等。金融资产通常具有流动性、收益性、风险性等特点。

（3）金融市场的参与人

金融市场的参与人即资金的供应者和需求者。

（4）金融市场的调节机制

金融市场主要借助利率来实现资本的优化配置。利率是资本的价格，它主要取决于资本的供求关系。作为资本价格，它对资本供应方来说属于收益，对资本需求方而言则属于成本。在金融市场中，利率的构成可用下式表示：

利率=纯利率+通货膨胀补偿率+风险补偿率

其中，纯利率与通货膨胀补偿率构成基础利率，风险补偿率又分为违约风险补偿率、流动性风险补偿率和到期风险补偿率三种。因此，影响利率构成的主要因素有如下五种：

① 纯利率。纯利率是指没有风险、没有通货膨胀情况下的平均利率。例如，在没有通货膨胀时，国库券的利率可视为纯利率。纯利率受平均利润率、资本供求关系和国家调节的影响。首先，利息是利润的一部分，所以利息率依存于利润率，并受平均利润率的制约。一般利息率会随平均利润率的提高而提高。利息率最高不能超过平均利润率，否则企业无利可图，不会借入款项；利息率的最低界限应大于零。其次，在平均利润率不变的情况下，金融市场的供求关系决定市场利率水平。在经济高涨时，资本需求量上升，若

供应量不变,则利率上升;在经济衰退时,利率下降。最后,政府为防止经济过热,会通过中央银行减少货币供应量来抑制资本需求量,使利率上升;政府为刺激经济发展,常常会增加货币发行量,使利率下降。

②通货膨胀补偿率。通货膨胀使货币贬值,从而使投资者或资本供应者的真实报酬率下降。因此,为弥补通货膨胀造成的购买力损失,利率确定要视通胀状况而给予一定的补偿。例如,政府发行的短期无风险证券(如国库券)的利率就是由纯利率和通货膨胀补偿率两部分组成的。

③违约风险补偿率。违约风险是指借款人无法按时支付利息或偿还本金而给投资者或资本供应者带来的风险。违约风险越大,投资者或资本供应者要求的利率就越高,反之则相反。

④流动性风险补偿率。流动性是指资产在短期内出售并转换为现金的能力。影响资产流动性的因素有两个:一是时间因素;二是变现价格。对金融市场而言,金融资产的流动性视金融证券发行主体的财务实力而定。例如,小公司的债券流动性相对于大公司要差,作为小公司债券的购买者,就会要求提高利率作为补偿。

⑤到期风险补偿率。到期风险补偿率是指因到期时间长短不同而形成的利率差别。从理论上讲,持有不同时间的金融资产利率不同。其原因就在于长期金融资产的风险要高于短期资产风险,从而体现收益率差异。

五、财务管理的基本观念:资金时间价值

(一)资金时间价值的概念

1.资金时间价值的含义

资金的时间价值是指一定量的资金经历一定时间的投资和再投资所增加的价值,也称为货币时间价值。一定量的资金在不同时点上具有不同的价值,人们将资金在使用过程中随时间的推移而发生增值的现象,称为资金具有时间价值的属性。资金时间价值的实质是资金周转使用后的增值额,是资金所有者让渡资金使用权而参与社会财富分配的一种形式。

2.资金时间价值的表示

资金时间价值通常有两种表现形式,一种是绝对数形式,即资金时间价

值额，指资金在生产经营中带来的真实增值额；另一种是相对数形式，即资金时间价值率。为了便于不同数量的货币资金之间的时间价值大小的比较，在实务中，人们常使用相对数表示资金的时间价值。由于资金时间价值率经常以利率的形式表示，很多人认为它与一般的市场利率相同，实际上资金时间价值率与市场利率是有区别的。市场利率除了包括时间价值因素，还包括风险价值和通货膨胀因素。在学习资金时间价值的过程中，还应注意以下几点：

①时间价值产生于生产领域、流通领域，消费领域不产生时间价值。因此，企业应将更多的资金或资源投入生产领域和流通领域而非消费领域。②时间价值产生于资金运动中。只有处于运动状态的资金才能产生时间价值，处于停滞状态的资金不会产生时间价值，因此企业应尽量减少资金的停滞时间和数量。③时间价值的大小取决于资金周转速度的快慢。时间价值与资金周转速度同方向变动，因此企业应采取各种有效措施加速资金周转，提高资金使用效率。

（二）资金时间价值的计算

1. 利息的计息方式

（1）单利计息

单利计息是指每期仅按初始本金计算利息，当期利息不取出也不计入下期本金，因此每期产生的利息额均相等。

（2）复利计息

复利计息是指以当期期末本利和作为下期计息基础来计算利息，由于计息基础逐年增长，所以每期产生的利息额也呈递增趋势，俗称"利滚利"或"驴打滚"。根据经济人假设，人们会用赚取的收益进行再投资，企业的资金使用也是如此。因此，财务管理中一般都按照复利方式计算资金的时间价值。

2. 款项的收付方式

（1）一次性款项收付

一次性款项收付是指在某一特定时点上发生的某项一次性付款（或收款）业务，经过一段时间后再发生与此相关的一次性收款（或付款）业务。银行整存整取的储蓄方式就是典型的一次性款项收付方式。例如，现在将一笔10

000元的现金存入银行，5年后连本带利将其取出。

(2) 系列性款项收付

系列性款项收付是指在某一特定时点上发生某项一次性付款（或收款）业务，然后在未来一段时间内多次发生与之相同的业务，最后一次收付款业务与起点业务恰好相反。银行零存整取的储蓄方式就是典型的系列性款项收付方式。例如，新入职的小王从领工资的第一个月开始，每个月从其工资中拿出1 000元存入银行，5年后连本带利将其取出。

资金时间价值的计算涉及两个重要的概念：现值和终值。现值又称本金，是指未来某一时点上的一定量资金折算到现在的价值。终值又称将来值或本利和，是指现在一定量的资金在将来某一时点上的价值。由于终值与现值的计算与款项的收付方式有关，因此资金时间价值的计算实际上就是一次性款项收付的终现值计算及系列性款项收付的终现值计算。

六、财务管理的基本观念：风险价值

（一）资产的收益

1. 资产收益的含义与计算

资产的收益是指资产的价值在一定时期的增值。一般情况下，有两种表述方式：

(1) 第一种以金额表示，称为资产的收益额，通常以资产价值在一定期限内的增值量来表示，该增值量来源于以下两部分：

①期限内资产的现金净收入（利息、红利或股息收入）；②期末资产的价值（或市场价格）相对于期初价值（价格）的升值，即资本利得。

(2) 第二种用百分比表示，称为资产的收益率或报酬率，它是资产增值量与期初资产价值（价格）的比值，该收益率也包括两部分：

①利息（股息）的收益率＝利息（股息）/收益期初资产价值（价格）；

②资本利得的收益率＝资本利得/期初资产价值（价格）。

注意：①以金额表示的收益不利于不同规模资产之间收益的比较，通常情况下，我们都是用收益率的方式来表示资产的收益；②如果不做特殊说明的话，资产的收益指的是资产的年收益。

2.资产收益的类型

（1）实际收益率

① 表示已经实现或者确定可以实现的资产收益率；② 当存在通货膨胀时，还应当扣除通货膨胀率的影响，剩余的才是真实的收益率。

（2）预期收益率

① 预期收益率也称为期望收益率，是指在不确定的条件下，预测的某资产未来可能实现的收益率；② 预期收益率通常采用加权平均法计算。

（3）必要收益率

必要收益率也称最低必要报酬率或最低要求的收益率，表示投资者对某资产合理要求的最低收益率。

必要收益率可用下列公式表示：

必要收益率=无风险收益率+风险收益率=纯粹利率+通货膨胀补偿率+风险收益率

其中，无风险收益率是由纯利率（资金时间价值）和通货膨胀补偿率两部分组成的，现实生活中常用短期国债利率近似替代；风险收益率是某资产持有者因承担该项资产的风险而要求的超过无风险利率的额外收益，其受风险程度和投资者对风险偏好的影响。

（二）资产的风险及其衡量

1.风险的概念

风险是指收益的不确定性。虽然风险的存在可能意味着收益的增加，但人们考虑更多的是损失发生的可能性。从财务管理的角度看，风险就是在各项财务活动过程中，由于各种难以预料或无法控制的因素作用，企业的实际收益与预计收益发生背离，从而蒙受经济损失的可能性。

2.风险的类型

企业面临的风险主要有两种：市场风险和企业特有风险。

（1）市场风险

市场风险是指影响所有企业的风险，它由企业的外部因素引起，企业无法控制、无法分散，故又称系统性风险或不可分散风险，如战争、自然灾害、利率的变化、经济周期的变化等。

（2）企业特有风险

企业特有风险是指个别企业的特有事件所造成的风险，又称非系统性风险和可分散风险。它是随机发生的，只与个别企业和个别投资项目有关，如产品开发失败、销售份额减少、工人罢工等。公司特有风险根据风险形成的原因不同，又可分为经营风险和财务风险。

① 经营风险是指由于企业生产经营条件的变化给企业收益带来的不确定性，又称商业风险。生产经营条件的变化既可能来自企业内部，也可能来自企业外部。如客户购买力发生变化、竞争对手增加、政策变化、产品生产方向不对路、生产组织不合理等，这些内外因素的变化，使企业的生产经营产生不确定性，最终引起收益变化。

② 财务风险是指由于企业举债而给财务成果带来的不确定性，又称筹资风险。企业举债经营，虽可以解决资金短缺的困难，但也会对自有资金的获利能力产生影响；同时，借入资金还需还本付息，一旦无力偿付到期债务，企业便会陷入财务困境甚至破产。当企业息税前的资金利润率高于借入资金利息率时，使用借入资金获得的利润除了补偿利息还有剩余，因此可使自有资金利润率提高；反之，则会降低自有资金利润率。因此，必须要确定合理的资本结构，既要提高自有资金的盈利能力，又要防止财务风险加大。

3. 风险的衡量

资产的风险是资产收益率的不确定性，其大小可用资产收益率的离散程度的高低来衡量。离散程度是指资产收益率的各种可能结果与预期收益率的偏差。衡量风险的指标主要有收益率的方差、标准差和标准离差率等。

（1）概率分布

在现实生活中，某一事件在完全相同的条件下既可能发生也可能不发生，既可能出现这种结果，也可能出现那种结果，我们称这类事件为随机事件。随机事件发生可能性的大小常用概率进行衡量。若用 X 表示随机事件，X_i 表示随机事件的第 i 种结果，P_i 表示第 i 种结果发生的概率，则 X_i 出现，$P_i=1$；X_i 不出现，$P_i=0$。同时，所有可能结果出现的概率之和必定为 1。

（2）期望值

期望值是随机事件的各种可能结果，以其相应的概率为权数计算的加权平均数。它反映了随机事件取值的平均化，但不能直接用来衡量风险。

（3）离散程度

离散程度是用以衡量风险大小的统计指标。一般来说，离散程度越高，随机事件的可能结果偏离其平均状况的程度就越高，随机事件面临的风险就越大，反之亦然。统计学中反映随机事件离散程度的指标包括方差、标准差、标准离差率、全距等，这里主要介绍标准差和标准离差率，因为这两个指标在衡量投资风险程度时使用频率较高。

① 标准差。标准差也叫均方差，是方差的平方根，标准差越小，表明离散程度越低，风险也就越小。但标准差是反映随机变量离散程度的绝对指标，只能适用于期望值相同时方案间风险的比较；若期望值不同，只能借助标准离差率。

② 标准离差率。标准离差率是标准差与期望值的比值，该指标越大，说明投资者为获得随机事件一单位平均状况所承担的风险就越大。由于标准离差率是一个相对数指标，所以可用于期望值不同方案之间的比较。

（三）证券资产组合的风险与收益

两个或两个以上的资产所构成的集合，称为资产组合。如果资产组合中的资产均为有价证券，那么该资产组合也称证券资产组合或证券组合。证券资产组合的风险与收益与单个资产有所不同。尽管方差、标准离差、标准离差率是衡量风险的有效工具，但当某项资产或证券成为投资组合的一部分时，这些指标就可能不再是衡量风险的有效工具。下面首先讨论证券资产组合的预期收益率的计算，然后再进一步讨论证券资产组合的风险及衡量。

1. 证券资产组合的预期收益率

证券资产组合的预期收益率就是组成证券资产组合的各种资产收益率的加权平均数，其权数为各种资产在组合中的价值比例。

2. 证券资产组合的风险及其衡量

（1）证券资产组合的风险衡量

资产组合的风险也可用标准差进行衡量，但它并不是单项资产标准差的简单加权平均。组合风险不仅取决于组合内的各资产的风险，还取决于各个资产之间的关系。

一般来讲，随着证券资产组合中资产个数的增加，单项资产的标准差对组合总体的标准差产生的影响越来越小；而各种资产之间的相关系数产生的影响则越来越大。当组合中包含资产的数目趋向于无穷大时,单项资产的标准差对组合总体的标准差产生的影响趋向于零。这就意味着,多项资产组合可以使隐含在单项资产中的风险(即非系统性风险)得以分散,从而降低资产组合的总体风险。

(2)系统性风险的衡量

系统性风险虽不能通过资产组合进行分散,但可以通过系统风险系数加以衡量。

① 单项资产的系统风险系数。单项资产的系统风险系数是指可以反映单项资产收益率与市场平均收益率之间变动关系的一个量化指标,它表示单项资产收益率的变动受市场平均收益率变动的影响程度。

需要注意的是:市场组合,是指由市场上所有资产组成的组合。由于市场组合中包含了所有资产,因此市场组合中的非系统性风险已经被分散,市场组合的风险只剩系统性风险。

② 证券资产组合的系统风险系数。对于证券资产组合,其所含的系统风险也可以用组合的 β 系数来衡量。证券资产组合的 β 系数是所有单项资产 β 系数的加权平均数,权数为各种资产在证券资产组合中所占的价值比例。

(四)资本资产定价模型(CAPM)

1. 资本资产定价模型的基本原理

根据风险与收益的一般关系,某资产的必要收益率是由无风险收益率和资产的风险收益率决定的,这便是资本资产定价模型。必要收益率的计算公式为:

必要收益率=无风险收益率+风险收益率

2. 证券市场线(SML)

如果把资本资产定价模型公式中的 β 看作自变量(横坐标),必要收益率作为因变量(纵坐标),无风险利率和市场风险溢酬作为已知系数,那么这个关系式在数学上就是一个直线方程,叫作证券市场线,简称 SML。

需要注意的是:证券市场线对任何公司、任何资产都是适合的。只要将该公司或资产的 β 系数代入到上述直线方程中,就能得到该公司或资产的必要收益率。

3. 证券资产组合的必要收益率

证券资产组合的必要收益率也可以通过证券市场线来描述。

4. 资本资产定价模型的作用与局限性

资本资产定价模型和证券市场线最大的贡献在于其提供了对风险和收益之间关系的一种实质性的表述，CAPM 和 SML 首次将"高收益伴随着高风险"这样一种直观认识用简单的关系式表达出来。到目前为止，CAPM 和 SML 是对现实中风险与收益关系最为贴切的表述，因此长期以来，它们被作为处理风险问题的主要工具。尽管 CAPM 已经得到了广泛的认可，但在实际应用中，仍存在一些明显的局限，主要表现在：

① 某些企业与资产的 β 值难以估计，特别是一些缺乏历史数据的新兴行业；② 由于经济环境的不确定性和不断变化，依据历史数据估算出来的 β 值对未来的指导作用必然要大打折扣；③ CAPM 是建立在一系列严格的假设的基础上的，有些假设与现实情况偏差较大，使 CAPM 的有效性受到质疑。这些假设包括市场是均衡的、市场不存在摩擦、市场参与者都是理性的、不存在交易费用、税收不影响资产的选择和交易等。

由于以上几点局限性，CAPM 只能大体描绘出证券市场运行的基本情况，而不能完全、确切地揭示证券市场的一切。因此，在运用这一模型时，应该更注重它揭示的规律。

第二节 筹资与投资管理

一、筹资管理概述

（一）筹资的动机

企业筹资，是指企业为了满足其经营活动、投资活动、资本结构调整等需要，运用一定的筹资方式，筹措和获取所需资金的一种行为。企业在持续的生存与发展过程中，其具体的筹资活动通常受特定的筹资动机所驱使。企业筹资的具体动机是多种多样的，归纳起来主要有以下几种类型：

① 创立性筹资动机：企业设立时，为取得资本金并形成开展经营活动的基本条件而产生的筹资动机。② 支付性筹资动机：为了满足经营业务活动的正常波动所形成的支付需要而产生的筹资动机。③ 扩张性筹资动机：企业因扩大经营规模或对外投资需要而产生的筹资动机。④ 调整性筹资动机：企业因调整资本结构而产生的筹资动机。

（二）筹资的分类

1. 按企业取得资金的性质不同

按企业取得资金的性质不同，筹资可分为权益筹资和负债筹资。权益筹资形成权益资本，是企业依法长期拥有、能够自主调配运用的资本。在企业持续经营期间，投资者不得抽回权益资本，因此权益资本又被称为企业的自有资本。权益资本是企业从事生产经营活动和偿还债务的本钱，是代表企业基本资信状况的一个重要指标。企业通过吸收直接投资、发行股票、内部积累等方式取得权益资本。由于权益资本一般不用还本，形成了企业的永久性资本，因而财务风险低，但承担的资本成本相对较高。负债筹资，是指企业通过借款、发行债券、融资租赁以及赊销商品或服务等方式取得的，需在规定期限内清偿的债务。由于债务筹资到期要归还本金和支付利息，对企业的经营状况不承担责任，因而具有较大的财务风险，但付出的资本成本相对较低。从经济意义上来说，负债筹资也是债权人对企业的一种投资，也要依法享有企业使用债务所取得的经济利益，因而被称为债权人权益。

2. 按是否以金融机构为媒介

按是否以金融机构为媒介，筹资可分为直接筹资和间接筹资。直接筹资，是企业直接与资金供应者协商融通资本的一种筹资活动。直接筹资方式主要有吸收直接投资、发行股票、发行债券等。通过直接筹资，企业既可以筹集股权资金，也可以筹集债务资金。按法律规定，公司股票、公司债券等有价证券的发行需要通过证券公司等中介机构进行，但证券公司所起到的只是承销的作用，资金拥有者并未向证券公司让渡资金使用权，因此发行股票、债券属于直接向社会筹资。间接筹资，是指企业借助银行等金融机构融通资本的筹资活动。在间接筹资的方式下，银行等金融机构发挥了预先集聚资金的中介作用。资金拥有者首先向银行等金融机构让渡资金使用权，然后再由银行等金融机构将资金提供给企业。间接筹资的基本方式除了向银行借款，还有融资租赁等，其形成的主要部分是债务资金，用于满足企业资金周转的需要。

3. 按资金的来源范围不同

按资金的来源范围不同，筹资可分为内部筹资和外部筹资。内部筹资是指企业通过利润留存而形成的筹资来源。内部筹资数额主要取决于企业可分配利润和利润分配政策（股利政策），一般无须花费筹资费用，从而大大降低了资本成本。外部筹资是指企业向外部筹措资金而形成的筹资来源。处于初创期的企业，内部筹资的可能性是有限的；处于成长期的企业，内部筹资往往难以满足需要。这就需要企业广泛地开展外部筹资，如发行股票、债券，取得商业信用、向银行借款等。企业向外部筹资大多需要花费一定的筹资费用，因而会提高筹资成本。从资本成本的角度考虑，企业筹资时首先会考虑利用内部筹资，然后再考虑外部筹资，这便是著名的啄序融资理论。

4. 按所筹集资金的使用期限不同

按所筹集资金的使用期限不同，筹资可分为长期筹资和短期筹资。长期筹资，是指企业筹集使用期限在一年以上的资金筹集活动。长期筹资通常采取吸收直接投资、发行股票、发行债券、取得长期借款、融资租赁等方式，形成的长期资金主要用于购建固定资产、形成无形资产、进行对外长期投资、垫支流动资金、产品和技术研发等。从资金性质来看，长期资金可以是股权资金，也可以是债务资金。短期筹资，是指企业筹集使用期限在一年以内的资金筹集活动。短期筹资经常利用商业信用、短期借款、保理业务等方式，形成的资金主要用于企业的流动资产和日常资金周转。

（三）筹资的渠道与方式

1. 筹资渠道

筹资渠道是指客观存在的筹措资金的来源方向与通道。它体现了资金的来源与流量，属于资金供应的范畴。正确认识筹资渠道的种类及各渠道的特点，有助于企业拓宽和正确利用筹资渠道，为企业筹资服务。从我国企业的实际情况来看，企业的筹资渠道通常有以下几种：

（1）国家财政资金

国家对企业的直接投资是国有企业最主要的资金来源，特别是国有独资企业，其资金全部由国家投资形成。现有国有企业的资金来源中，其资本大多是由国家财政以直接拨款方式形成的。除此以外，还有一些是国家对企业"税前还贷"或减免各种税款而形成的。无论是以何种形式形成的，从产权关系上看，它们都属于国家投入的资金，产权归国家所有。

（2）银行信贷资金

银行对企业的各种贷款，是目前我国各类企业最重要的资金来源。我国银行分为商业性银行和政策性银行两种。商业银行是以盈利为目的、从事信贷资金投放的金融机构，它主要为企业提供各种商业贷款；政策性银行则是为特定企业提供政策性贷款。

（3）非银行金融机构资金

非银行金融机构主要指信托投资公司、保险公司、租赁公司、证券公司及企业集团所属的财务公司等。它们提供的各种金融服务，既包括信贷资金投放，也包括物资的融通，还包括为企业承销证券等金融服务。

（4）其他企业资金

企业在生产经营过程中，往往会形成部分暂时闲置的资金，并为一定的目的而进行相互投资。另外，企业间的购销业务也可通过商业信用方式来完成，从而形成企业间的债权债务关系，形成债务人对债权人的短期信用资金占用。企业间的相互投资和商业信用的存在，使其他企业资金也成为企业资金的重要来源。

（5）居民个人资金

企业职工和居民个人的结余货币，作为"游离"于银行及非银行金融机构之外的个人资金，也可以用于对企业进行投资，形成民间资金来源渠道，从而为企业所用。

（6）企业自留资金

企业自留资金是指企业内部形成的资金，也称企业内部资金，主要包括提取公积金和未分配利润等。这些资金的重要特征之一是，它们无须企业通过一定的方式去筹集，而直接由企业内部自动生成或转移。

2. 筹资方式

如果说筹资渠道属于客观存在，那么筹集资金的方式属于企业的主观能动行为。筹资方式是指可供企业在筹措资金时选用的具体筹资形式，目前我国企业常用的筹资方式主要有以下几种：

① 吸收直接投资；② 发行股票；③ 利用留存收益；④ 银行借款；⑤ 发行公司债券；⑥ 融资租赁；⑦ 利用商业信用。

其中，利用①~③方式筹措的资金为权益资金；利用④~⑦方式筹措的资金为负债资金。

3. 筹资渠道与筹资方式的对应关系

筹资渠道解决的是资金来源问题，筹资方式则解决通过何种方式取得资金的问题，它们之间存在一定的对应关系。一定的筹资方式可能只适用于某一特定的筹资渠道，但是同一渠道的资金往往可采用不同的方式取得。因此，企业在筹资时，应将两者结合起来使用。

（四）筹资的原则

企业筹资是企业的基本财务活动，是企业扩大生产经营规模和调整资本结构必须采取的行动。为了经济、有效地筹集资本，企业在筹资时应遵循以下基本原则：

1. 合法性原则

企业的筹资活动影响社会资本及资源的流向和流量，涉及相关主体的经济权益。为此，企业必须遵守国家有关法律法规，依法履行约定的责任，维护有关各方的合法权益，避免非法筹资行为给企业本身及相关主体造成损失。

2. 效益性原则

企业筹资与投资在效益上应当相互权衡。企业投资是决定企业融资的重要因素。投资收益与资本成本相比较，决定是否要追加筹资；而一旦采纳某项投资项目，其投资数量就决定了所需筹资的数量。因此，企业在筹资活动中，一方面，要认真分析投资机会，追求投资效益，避免不顾投资效益的盲目筹资；另一方面，不同筹资方式的资本成本不同，这就需要综合研究各种筹资方式，寻求最优的筹资组合，以降低筹资成本。

3. 合理性原则

企业筹资必须合理确定所需筹资的数量。企业筹资无论通过哪些筹资渠道、运用哪些筹资方式，都要预先确定筹资的数量。企业筹资固然应广开财路，但必须要有合理的限度，使所需筹资的数量与投资所需数量达到平衡，避免因筹资数量不足而影响投资活动或因筹资数量过剩而影响筹资效益。

企业筹资还必须合理确定资本结构。合理地确定企业的资本结构，主要考虑两方面的内容：一方面，合理确定股权资本与债权资本的结构，也就是合理确定企业债权资本的规模或比例问题，债权资本的规模应当与股权资本的规模和偿债能力的要求相适应。既要避免债权资本过多，导致财务风险过高，偿债负担过重；又要有效地利用债务经营，提高股权资本的收益水平。另一方面，合理确定长期资本与短期资本的结构，也就是合理确定企业全部资本的期限结构问题。

4. 及时性原则

企业筹资必须根据企业资本的投放时间安排予以筹划，及时取得资本来源，使筹资与投资在时间上相协调。企业投资一般都有投放时间上的要求，尤其是证券投资，要避免筹资过早造成投资前的资本闲置或因筹资滞后而贻误投资的有利时机。

二、资金需求量预测

企业在筹资之前，应当采用一定的方法预测资金需求量，这是确保企业合理筹集资金的一个必要环节。预测资金需求量的方法主要有定性预测法和定量预测法。

（一）定性预测法

所谓定性预测法，就是指依靠熟悉业务知识、具有丰富经验和综合分析能力的人员或专家，根据已经掌握的历史资料和直观材料，运用人的知识、经验和分析判断能力，预测企业未来的财务状况和资金需要量的方法。定性预测法侧重对事物发展性质进行分析，主要凭借知识、经验和人的分析能力。它是一种很实用的预测方法。常用的定性预测法有个别专家预测法、专家集体会议法、德尔菲法等。

1. 个别专家预测法

这种方法是指聘请专家顾问或个别征求专家意见，然后对各方面的意见进行整理、归纳、分析、判断，之后做出预测结论的方法。这种方法的片面与局限问题仍然不可避免。

2. 专家集体会议法

这种方法是指建立在个别专家预测法的基础上，通过会议进行集体的分析判断，将专家的见解综合起来，寻求较为一致的结论的预测方法。运用这种方法，参加的人数多，所拥有的信息量远远超过个人拥有的信息量，因而能凝聚众多专家的智慧，避免个人判断的不足，在重大问题的预测方面较为可行可信。但是，集体判断的参与人员也可能会受到感情、个性、时间及利益等因素的影响，不能充分或真实地表明自己的判断。

3. 德尔菲法

这种方法是由美国兰德公司在20世纪40年代首创和使用的，最先用于科技预测，后来逐渐应用于市场预测。德尔菲法实际上就是专家小组法或专家意见征询法。这种方法是按一定的程序，采用背对背的反复函询的方式，征询专家小组成员的意见，经过几轮的征询与反馈，使各种不同的意见渐趋一致，经汇总和用数理统计方法进行收敛，得出一个比较合理的预测结果供决策者参考。

定性预测法通常在数据不足或不能充分说明问题的情况下采用。定性预测法十分有效，但它不能揭示相关变量之间的数量关系。在进行财务预测时，可以先采用定量预测法进行预测，再用定性预测法予以修正。

（二）定量预测法

定量预测法是指借助一定的数学方法对企业财务发展趋势、未来财务状况和财务成果做出数量分析的预测方法。常用的定量预测法有资金习性法、销售百分比法等。

1. 资金习性法

资金习性法是指根据资金习性预测未来资金需求量的方法。所谓资金习性，是指资金的变动同产销量变动之间的依存关系。按照资金同产销量之间的依存关系，可以把资金区分为固定资金、变动资金和混合资金。固定资金是指在一定的产销量范围内，不受产销量变动的影响而保持固定不变的那部分资金。这部分资金包括：为维持营业而占用的最低数额的现金，原材料的保险储备、必要的成品储备等占用的资金。变动资金是指随产销量的变动而同比例变动的那部分资金。它一般包括直接构成产品实体的原材料、外购件等占用的资金。另外，在最低储备之外的现金、存货、应收账款等也具有变动资金的性质。混合资金是指虽然受产销量变化的影响，但不成同比例变动的资金，如一些辅助材料占用的资金。对于混合资金，可采用一定的方法将其分解为固定资金和变动资金两部分。

（1）高低点法

高低点法是指根据企业一定期间资金占用的历史资料，按照资金习性原理和 y=a+bx 直线方程式，选用最高收入期和最低收入期的资金占用量之差，同这两个收入期的销售额之差进行对比，便可求出 b 值，然后再代入原直线方程，求出 a 值，从而估计推测资金发展趋势。

（2）回归分析法

回归分析法是指根据若干期业务量和资金占用的历史资料，运用最小平方法原理计算固定资金 a 和单位产销量所需变动资金 b 的一种资金习性分析方法。

高低点法简单易懂，但采用两个极点计算，代表性不强，适用于变动趋势稳定的企业；回归直线法利用微分极值原理，计算结果虽更准确，但计算过程比较烦琐。

2. 销售百分比法

（1）销售百分比法的基本原理

销售百分比法，是指根据销售增长与资产增长之间的关系，预测未来资金需求量的方法。企业的销售规模扩大时，要相应增加流动资产；如果销售规模扩大很多，还必须增加长期资产。为取得扩大销售所需增加的资产，企业需要筹措资金。这些资金一部分来自留存收益，另一部分通过外部筹资取得。通常，当销售增长率较高时，仅靠留存收益不能满足资金需要，即使获利良好的企业也需要外部筹资。因此，企业需要预先知道自己的筹资需求，提前安排筹资计划，否则就可能发生资金短缺问题。

销售百分比法，将反映生产经营规模的销售因素与反映资金占用的资产因素连接起来，根据销售与资产之间的数量比例关系，预计企业的外部筹资需求量。销售百分比法首先假设某些资产与销售额之间存在稳定的百分比关系，根据销售与资产的比例关系预计资产额，根据资产额预计相应的负债和所有者权益，进而确定筹资需求量。

（2）销售百分比法的基本步骤

① 确定随销售额变动而变动的资产和负债项目。资产是资金使用的结果，随着销售额的变动，有些资产也会发生相应变动，如库存现金、应收账款、存货等，这类资产便是"敏感性资产"。同时，随着敏感性资产的增加，短期债务也会增加，如存货增加会导致应付账款增加，这类债务便是"敏感性负债"。至于固定资产是否会随销售额的变动而变动，要视企业的生产能力而定。如果企业在基期生产能力大量闲置，那么在报告期资金需求量增加时，就无须添置固定资产，此时固定资产便属于非敏感性资产，反之则属于敏感性资产。

② 确定敏感性资产与敏感性负债有关项目与销售额的稳定比例关系。如果企业资金周转的营运效率保持不变，敏感性资产与敏感性负债会随销售额的变动而呈正比例变动，保持稳定的百分比关系。企业应当根据历史资料和同业情况，剔除不合理的资金占用，寻找与销售额的稳定百分比关系。

③ 确定需要增加的筹资数量。预计由于销售增长而需要的资金需求增长额，扣除敏感性负债、留存收益解决的资金后，就是企业所需要的外部筹资额。

资金习性法从数量上揭示了资金同销售量之间的规律性，有利于准确地预测资金需要量。

三、权益筹资

（一）吸收直接投资

吸收直接投资是指企业按照"共同投资、共同经营、共担风险、共享利润"的原则来吸收国家、法人、个人、外商投入资金的一种筹资方式。

1. 吸收直接投资的种类

（1）吸收国家投资

国家投资是指有权代表国家投资的政府部门或机构，以国有资产投入公司，这种情况下形成的资本叫国有资本。根据《企业国有资本与财务管理暂行办法》的规定，在公司持续经营期间，公司以盈余公积、资本公积转增实收资本的，国有公司和国有独资公司由公司董事会或经理办公会决定，并报主管财政机关备案；股份有限公司和有限责任公司由董事会决定，并经股东大会审议通过。

（2）吸收法人投资

法人投资是指法人单位依法将其可支配的资产投入公司，这种情况下形成的资本被称为法人资本。

（3）吸收外商直接投资

企业可通过合资经营或合作经营的方式吸收外商直接投资，即与其他国家的投资者共同投资，创办中外合资经营企业或者中外合作经营企业，共同经营、共担风险、共负盈亏、共享利益。

中外合资经营企业和中外合作经营企业都是由中外双方共同出资、共同经营、共担风险和共负盈亏的企业。两者的区别主要是：① 合作企业可以依法取得中国法人资格，也可以办成不具备法人条件的企业，而合资企业必须是依法取得中国法人资格的企业；② 合作企业属于契约式经营，它不以合营各方投入的资本数额、股权作为利润分配的依据，而是通过签订合同具体规定各方的权利和义务，而合资企业属于股权式企业，即以投资比例作为确定合营各方权利和义务的依据；③ 合作企业在遵守国家法律的前提下，可以通过合作合同来约定收益或产品的分配，以及风险和亏损的分担，而合资企业则是根据各方注册资本的比例进行分配的。

（4）吸收社会公众投资

社会公众投资是指社会个人或本公司职工以个人合法财产投入公司，这种情况下形成的资本称为个人资本。

2. 吸收直接投资的出资方式

（1）以货币资产出资

以货币资产出资是吸收直接投资最重要的出资方式之一。所需投入货币资产的数额，取决于投入的实物、工业产权之外尚需多少资金来满足建厂的开支和日常周转的需要。《中华人民共和国公司法》规定，全体股东的货币资产出资额不得低于有限责任公司注册资本的30%。

（2）以实物资产出资

以实物资产出资就是投资者以厂房、建筑物、设备等固定资产和原材料、商品等流动资产进行的投资。企业吸收的实物资产一般应符合以下条件：① 确为企业科研、生产、经营所需；② 技术性能比较好；③ 作价公平、合理。实物出资所涉及的实物作价方法应按国家有关规定执行。

（3）以土地使用权出资

土地使用权是指按有关法规和合同的规定使用土地的权利。企业吸收投资者以土地使用权作为出资时，一般应符合以下条件：① 确为企业科研、生产、销售活动所需；② 交通、地理条件比较适宜；③ 作价公平、合理。

（4）以工业产权出资

以工业产权出资是指投资者以专利权、专有技术、商标权等无形资产所进行的投资。企业吸收的工业产权一般应符合以下条件：① 能帮助企业研究和开发出新的高科技产品；② 能帮助企业生产出适销对路的高科技产品；③ 能帮助企业改进产品质量、提高生产效率；④ 能帮助企业大幅度降低各种消耗；⑤ 作价比较合理。

（5）以特定债权出资

特定债权，是指企业依法发行的可转换债券以及按照国家有关规定可以转作股权的债权。在实践中，企业可以将特定债权转为股权的情形主要有：

① 上市公司依法发行的可转换债券；② 金融资产管理公司持有的国有及国有控股企业债权；③ 企业实行公司制改建时，经银行以外的其他债权人协商同意，可以按照有关协议和企业章程的规定，将其债权转为股权；④ 根据《利用外资改组国有企业暂行规定》，国有企业的境内债权人将持有的债权转给外国投资者，企业通过债转股改组为外商投资企业；⑤ 按照《企业公司制改建有关国有资本管理与财务处理的暂行规定》，国有企业改制时，账面原有应付工资余额中欠发职工工资部分，在符合国家政策、职工自愿的条件下，依法扣除个人所得税后可转为个人投资；未退还职工的集资款也可转为个人投资。

3. 吸收直接投资的评价

（1）吸收直接投资的优点

① 有利于提高企业信誉。吸收直接投资所筹集的资金属于企业的自有资

金，与借入资金相比，能提高企业的负债能力，对扩大企业经营规模、壮大企业实力具有重要作用。② 有利于企业尽快形成生产能力。吸收直接投资不仅可以获取现金，还能够直接获得所需的先进设备和先进技术，与仅获取现金的筹资方式相比，有利于企业尽快形成生产经营能力，尽快开拓市场。③ 有利于降低财务风险。吸收直接投资所筹资金属自有资金，不需支付利息和偿还本金，不存在偿债风险；还可以根据企业经营状况好坏，向投资者支付较多或较少的报酬，比较灵活，所以财务风险较小。④ 吸收直接投资方式与股票筹资方式相比，其履行的法律程序相对简单，筹资速度较快。

（2）吸收直接投资的缺点

① 吸收直接投资的成本较高。吸收直接投资向投资者支付的报酬是根据其出资数额和企业实现的利润来计算的，由于出资者承担的风险较高，因此其要求的报酬率也比较高。② 企业的控制权容易分散。采用吸收直接投资方式筹集资金，投资者一般都要求获得与投资数量相适应的经营管理权，这是企业接受外来投资的代价之一。如果外部投资者的投资较多，投资者会享有相当大的管理权，甚至会对企业实行完全控制。③ 不利于产权流动。吸收直接投资不以证券作为媒介，所以有时产权关系不清晰，不便进行产权交易。

（二）股票筹资

1. 股票的特征与分类

股票是股份证书的简称，是股份公司为筹集资金而发行给股东作为持股凭证并借以取得股息和红利的一种有价证券。每股股票都代表股东对企业拥有一个基本单位的所有权。股票是股份公司资本的构成部分，可以转让、买卖或作价抵押，是资本市场的主要长期信用工具。

（1）股票的特征

① 不可偿还性。股票是一种无偿还期限的有价证券，投资者认购了股票之后，就不能再要求退股，只能到二级市场卖给第三者。股票的转让只意味着公司股东的改变，并不减少公司资本。从期限上看，只要公司存在，它所发行的股票就存在，股票的期限等于公司存续的期限。

② 参与性。股东有权出席股东大会，选举公司董事会，参与公司重大决策。股票持有者的投资意志和享有的经济利益，通常是通过行使股东参与权来实现的。股东参与公司决策的权力大小取决于其持有股份的多少。

③ 收益性。股东凭其持有的股票,有权从公司领取股息或红利,获取投资收益。股息或红利的数额,主要取决于公司的盈利水平和公司的盈利分配政策。股票的收益性,还表现为股票投资者可以获得价差收入或实现资产保值增值。通过低价买入和高价卖出股票,投资者可以赚取价差利润。通货膨胀时,股票价格会随公司原有资产重置价格上升而上涨,从而避免了资产贬值。股票通常被视为在高通货膨胀时可优先选择的投资对象。

④ 流通性。股票的流通性是指股票在不同投资者之间的可交易性。流通性通常以可流通的股票数量、股票成交量以及股价对交易量的敏感程度来衡量。可流通股数越多,成交量越大,价格对成交量越不敏感(价格不会随成交量一同变化),股票的流通性就越好,反之就越差。股票的流通,使投资者可以在市场上卖出其所持有的股票,获得现金。从股票的流通和股价的变动中可以看出人们对相关行业和上市公司的发展前景和盈利潜力的判断。那些在流通市场上吸引大量投资者、股价不断上涨的行业和公司,可以通过增发股票,不断吸收大量资本进入生产经营活动,达到优化资源配置的效果。

⑤ 价格波动性和风险性。股票在交易市场上作为交易对象,同商品一样,有自己的市场行情和市场价格。股票价格受诸如公司经营状况、供求关系、银行利率、大众心理等多种因素的影响,其波动有很大的不确定性。正是由于这种不确定性,股票投资者可能会遭受损失。价格波动的不确定性越大,投资风险越大。因此,股票是一种高风险的金融产品。

(2)股票的分类

① 根据股东享有的权利和义务,股票分为优先股和普通股。优先股是股份公司发行的在分配红利和剩余财产时比普通股具有优先权的股份。普通股是"优先股"的对称,是随企业利润变动而变动的一种股份,是公司资本构成中最普通、最基本的股份。普通股股东通常拥有以下权利:

a.公司管理权。对大公司来讲,普通股股东成千上万,不可能每个人都直接对公司进行管理。普通股股东的管理权主要体现为在董事会选举中有选举权和被选举权,通过选出的董事会代表所有股东对企业进行控制和管理。股东行使管理权的途径是参加股东大会。股东大会是股份公司的权力机构。股东大会由股东组成,通常定期召开。

b.分享盈余和剩余财产要求权。股东的这一权利直接体现了其对经济利益的要求,这要求可表现为两个方面:一是股东有权要求从股份公司经营的利润中分配股息和红利,公司盈余的分配方案由股东大会决定,每一个会计年度,由董事会根据企业的盈利数额和财务状况来决定分发股利的数额,并经股东大会批准通过;二是股东在股份公司解散清算时,有权要求取得公司的剩余资产。但是公司破产清算时,财产的变价收入首先要用来清偿债务,然后支付优先股股东,最后才能分配给普通股股东。

c.出让股份权。股东有权出售或转让股票,这也是普通股股东的一项基本权利。

d.优先认股权。优先认股权是普通股股东拥有的权利,即普通股股东可优先于其他投资者购买公司增发新股票的权利。当公司增发普通股票时,原有股东有权按持有公司股票的比例,在一定期限内以低于市价的认购价格购买新股。

在享有权利的同时,普通股股东还应承担一定的义务:遵守公司章程;依据其所认购的股份和入股方式缴纳股金;除了法律、法规规定的情形,不得退股;法律、行政法规及公司章程规定应当承担的其他义务。

②按票面形态不同,股票可分为记名股、无记名股、面值股和无面值股。

a.记名股。这种股票在发行时,票面上记载股东的姓名,同时该姓名还载于公司的股东名册上。记名股票的特点是除了持有者和其正式的委托代理人或合法继承人、受赠人,任何人都不能行使其股权。另外,记名股不能任意转让,转让时,既要将受让人的姓名、住址分别载于股票票面,还要在公司的股东名册上办理过户手续,否则转让不能生效。这种股票有安全、不怕遗失的优点,但转让手续烦琐。

b.无记名股。此种股票在发行时,在股票上不记载股东的姓名。其持有者可自行转让股票,任何人一旦持有便享有股东的权利,就无须再通过其他方式、途径证明自己的股东资格。这种股票转让手续简便,但也要通过证券市场的合法交易实现转让。

c.面值股。有票面金额的股票,简称金额股票或面额股票,是指在股票票面上记载一定的金额,如每股人民币100元、200元等。金额股票设定了股票的票面价值,这样就可以很容易地确定每一股份在该股份公司中所占的比例。

d. 无面值股，又称比例股票或无面额股票，这种股票发行时无票面价值记载，仅表明每股占资本总额的比例。其价值随公司财产的增减而增减，因此这种股票的内在价值总是处于变动状态。该种股票最大的优点是，避免了公司实际资产与票面资产的背离。发行这种股票对公司管理、财务核算、法律责任等方面要求极高，因此只在美国比较流行，甚至有不少国家根本不允许发行。

③ 按投资主体不同，股票可分为国有股、法人股和社会公众股。

国有股指有权代表国家投资的部门或机构以国有资产向公司投资形成的股份，包括以公司现有国有资产折算成的股份。由于我国大部分股份制企业都是由原国有大中型企业改制而来的，因此国有股在公司股权中占有较大的比重。法人股指企业法人或具有法人资格的事业单位、社会团体以其依法可经营的资产向公司非上市流通股权部分投资而形成的股份。根据法人股认购对象的不同，可将法人股进一步分为境内发起法人股、外资法人股和募集法人股三部分。社会公众股是指我国境内的个人和机构，以其合法财产向公司可上市流通股权部分投资而形成的股份。

我国国有股和法人股目前还不能上市交易。若要转让，可以在法律许可的范围内，经证券主管部门批准，与证券机构投资者签订转让协议，一次性完成大宗股权的转移。由于国家股和法人股占总股本的比重平均超过70%，在大多数情况下，要想取得一家上市公司的控制股权，收购方需要从原国家股东和法人股东手中协议受让大宗股权。除了少量公司职工股、内部职工股及转配股上市流通受一定限制，绝大部分的社会公众股都可以上市流通交易。

④ 按上市地点不同，股票可分为A股、B股、H股、N股、S股。

A股的正式名称是人民币普通股票。它是指由我国境内的公司发行，供境内机构、组织或个人（不含台、港、澳投资者）以人民币认购和交易的普通股股票。

B股的正式名称是人民币特种股票。它以人民币标明面值，以外币认购和买卖，在境内（上海、深圳）证券交易所上市交易。它的投资人限于：外国的自然人、法人和其他组织；我国香港、澳门、台湾地区的自然人、法人和其他组织；定居在国外的中国公民；中国证监会规定的其他投资人。B股公司的注册地和上市地都在境内，只不过投资者在境外或在中国香港、澳门及台湾地区。

H股，即注册地在内地、上市地在香港的中资企业股票。香港的英文名称是Hong Kong，取其首字母，在港上市的外资股就叫作H股。依此类推，纽约的第一个英文字母是N，新加坡的第一个英文字母是S，在纽约和新加坡上市的股票就分别叫作N股和S股。

⑤按公司业绩不同，股票可分为绩优股和垃圾股。

绩优股就是业绩优良公司的股票，但对于绩优股的定义，国内外却有所不同。在我国，投资者衡量绩优股的主要指标是每股税后利润和净资产收益率。一般而言，每股税后利润在全体上市公司中处于中上地位，公司上市后净资产收益率连续三年显著超过10%的股票就是绩优股。而在国外，绩优股主要指的是业绩优良且比较稳定的大公司股票。这些公司经过长时间的努力，在行业内达到了较高的市场占有率，形成了经营规模优势，利润稳步增长，市场知名度较高。垃圾股指的是业绩较差的公司的股票。这类公司或行业前景不好，或经营不善等，有的甚至已进入亏损行列。

2. 股份有限公司的设立、股票的发行与上市

（1）股份有限公司的设立

设立股份有限公司，应当有2人以上200人以下为发起人，其中须有半数以上的发起人在中国境内有住所。股份有限公司的设立，可以采取发起设立或者募集设立的方式。发起设立，是指由发起人认购公司应发行的全部股份而设立公司。募集设立，是指由发起人认购公司应发行股份的一部分，其余股份向社会公开募集或者向特定对象募集而设立公司。以发起设立方式设立股份有限公司的，公司全体发起人的首次出资额不得低于注册资本的20%，其余部分由发起人自公司成立之日起2年内缴足（投资公司可以在5年内缴足）。以募集设立方式设立股份有限公司的，发起人认购的股份不得少于公司股份总数的35%，法律、行政法规另有规定的，从其规定。

股份有限公司的发起人应当承担下列责任：①公司不能成立时，发起人对设立行为所产生的债务和费用负连带责任；②公司不能成立时，发起人对认股人已缴纳的股款，负返还股款并支付银行同期存款利息的连带责任；③在公司设立过程中，因发起人的过失而使公司利益受到损害的，应当对公司承担赔偿责任。

（2）股份有限公司首次发行股票的一般程序

① 发起人认足股份、缴付股资。以发起方式设立的公司，发起人认购公司的全部股份；以募集方式设立的公司，发起人认购的股份不得少于公司股份总额的35%。发起人可以用货币出资，也可以用非货币资产作价出资。在发起设立方式下，发起人缴付全部股资后，应选举董事会、监事会，由董事会办理公司设立的登记事项；在募集设立方式下，发起人认足其应认购的股份并缴付股资后，其余部分向社会公开募集。

② 提出公开募集股份的申请。以募集方式设立公司，发起人向社会公开募集股份时，必须向国务院证券监督管理部门递交募股申请，并报送批准设立公司的相关文件，包括公司章程、招股说明书等。

③ 公告招股说明书，签订承销协议。公开募集股份申请经国家批准后，应公告招股说明书。招股说明书应包括公司的章程、发起人认购的股份数、本次每股票面价值和发行价格、募集资金的用途等。同时，与证券公司等证券承销机构签订承销协议。

④ 招认股份，缴纳股款。发行股票的公司或其承销机构一般用广告或书面通知的办法招募股份。认股者一旦填写了认股书，就要承担认股书中约定的缴纳股款义务。如果认股者的总股数超过发起人拟招募的总股数，可以采取抽签的方式确定哪些认股者有权认股。认股者应在规定的期限内向代收股款的银行缴纳股款，同时交付认股书。股款认足后，发起人应委托法定的机构验资，出具验资证明。

⑤ 召开创立大会，选举董事会、监事会。募足发行股份的股款后，发起人应在规定期限内（法定30天）主持召开创立大会。创立大会由发起人、认股人组成，应有代表股份总数半数以上的认股人出席方可举行。创立大会通过公司章程，选举董事会和监事会成员，并有权对公司的设立费用进行审核，对发起人用于抵作股款的财产作价进行审核。

⑥ 办理公司设立登记，交割股票。经创立大会选举的董事会，应在创立大会结束后30天内，办理申请公司设立的登记事项。登记成立后，即向股东正式交付股票。

（3）股票上市交易

① 股票上市的目的。股票上市，是指股份有限公司公开发行的股票经批

准在证券交易所进行挂牌交易。经批准在交易所上市交易的股票称为上市股票。股份公司申请股票上市，一般出于以下目的：

a. 促进股权流通和转让。股票上市后，便于投资者认购和交易，能够提高股权的流动性和股票的变现力。

b. 便于筹措新资金。股票上市必须经过有关机构的审查批准并接受相应的管理，执行各种有关信息披露和股票上市的规定，这就大大提高了社会公众对公司的信任度，使其乐于购买公司的股票。同时，也便于公司采用其他方式（如负债）筹措资金。

c. 便于确定公司价值。股票上市后，公司股价有市价可循，便于确定公司的价值。对上市公司来说，即时的股票交易行情就是对公司价值的市场评价。同时，市场行情也能够为公司收购兼并等资本运作提供询价基础。

但股票上市也有对公司不利的一面，主要包括：公司将负担较高的信息披露成本；各种信息公开的要求可能会暴露公司商业秘密；股价有时会歪曲公司的实际状况，影响公司声誉；可能会分散公司的控制权，造成管理上的困难。

② 股票上市的条件。股份公司公开发行的股票进入证券交易所交易，必须受严格的条件限制。《中华人民共和国证券法》规定，股份有限公司申请股票上市，应当符合下列条件：

a. 股票经国务院证券监督管理机构核准已公开发行；

b. 公司股本总额不少于人民币3 000万元；

c. 公开发行的股份达到公司股份总数的25%以上；

c. 公司股本总额超过人民币4亿元的，公开发行股份的比例为10%以上；

d. 公司最近3年无严重违法行为，财务会计报告无虚假记载。

③ 股票上市的暂停、终止与特别处理。当上市公司出现经营情况恶化、存在重大违法违规行为或其他原因导致不符合上市条件时，就可能被暂停或终止上市。上市公司出现财务状况或其他状况异常的，其股票交易将被交易所"特别处理"（ST）。"财务状异常"是指以下几种情况：

a. 最近2个会计年度的审计结果显示的净利润为负值；

b. 最近1个会计年度的审计结果显示其股东权益低于注册资本；

c. 最近1个会计年度，经审计的股东权益扣除注册会计师和有关部门不予确认的部分后，低于注册资本；

d. 注册会计师对最近 1 个会计年度的财产报告出具无法表示意见或否定意见的审计报告;

e. 最近一份经审计的财务报告对上年度利润进行调整，导致连续 2 个会计年度亏损;

f. 经交易所或中国证监会认定为财务状况异常的。"其他状况异常"是指自然灾害、重大事故等导致生产经营活动基本中止，公司涉及的可能赔偿金额超过公司净资产的诉讼等情况。在上市公司的股票交易被实行特别处理期间，其股票交易遵循下列规则：股票报价日涨跌幅限制为 5%；股票名称改为原股票名前加"ST"；上市公司的中期报告必须经过审计。

3. 上市公司的股票发行

上市的股份有限公司在证券市场上发行股票，包括公开发行和非公开发行两种类型。公开发行股票又分为首次上市公开发行股票和上市公开发行股票，非公开发行即向特定投资者发行，也叫定向发行。

（1）首次上市公开发行股票（IPO）

首次上市公开发行股票（IPO），是指股份有限公司对社会公开发行股票并上市流通和交易。实施 IPO 的公司,应当符合中国证券监督管理委员会(以下简称证监会)颁布的《首次公开发行股票并上市管理办法》规定的相关条件，并经证监会核准。

实施 IPO 的基本程序是：① 公司董事会应当依法就本次股票发行的具体方案、本次募集资金使用的可行性及其他事项作出决议，并提请股东大会批准。② 公司股东大会就本次发行股票作出决议。③ 保荐人保荐并向证监会申报。④ 证监会受理，并审核批准。⑤ 自证监会核准发行之日起，公司应在 6 个月内公开发行股票；超过 6 个月未发行的，核准失效，须经证监会重新核准后方可发行。

（2）上市公开发行股票

上市公开发行股票，是指股份有限公司已经上市后，通过证券交易所在证券市场上对社会公开发行股票。上市公司公开发行股票，包括增发和配股两种方式。其中，增发是指增资发行，即上市公司向社会公众发售股票的再融资方式，而配股是指上市公司向原有股东配售发行股票的再融资方式。增发和配股也应符合证监会规定的条件，并经过证监会的核准。

（3）非公开发行股票

非公开发行股票是指上市公司采用非公开方式，向特定对象发行股票的行为，也叫定向募集增发。定向增发的对象可以是老股东，也可以是新投资者。总之，定向增发完成之后，公司的股权结构往往会发生较大变化，甚至发生控股权变更的情况。

4. 股票筹资的评价

（1）股票筹资的优点

① 股票融资所筹资金具有永久性，无到期日，无须归还，在公司持续经营期间可长期使用，能充分保证公司生产经营的资金需求。② 没有固定的股利负担。公司有盈余，并且认为适合分配股利，就可以分给股东；公司盈余少，或虽有盈余但资金短缺或者有有利的投资机会，就可以少支付或不支付股利。③ 可以提高公司声誉，增强举债能力。发行股票筹集的是权益资金，权益资金反映了公司的实力，较多的权益资金为债权人提供了坚实的信用基础和保障，可以增强公司的举债能力。④ 有利于帮助企业建立规范的现代企业制度。

（2）股票筹资的缺点

① 资本成本较高。由于股利要从税后利润中支付，股利就不能像债券利息那样具有抵税效应；相对于债务资本，股票的投资风险较高，投资者要求的报酬率相应也较高。② 股票融资上市时间跨度长，竞争激烈，无法满足企业紧迫的融资需求。③ 容易分散控制权。股票融资会增加新股东，从而稀释原有股东对公司的控制权，导致股权分散。④ 新股东分享公司未发行新股前积累的盈余，会降低普通股的每股净收益，从而可能引起股价的下跌。

（三）留存收益

留存收益也是权益资金的一种，包括企业的盈余公积、未分配利润等。与其他权益资金相比，留存收益的取得更为主动简便，无须进行筹资活动，也无须筹资费用，因此这种方式既节约了成本，又提高了公司的信誉。留存收益的实质是投资者对公司的再投资，但这种方式受制于公司盈利及公司的分配政策。

四、负债资金筹集

(一)短期负债资金筹集

1. 短期借款

短期借款是企业从银行或其他金融机构借入的在一年以内还本付息的款项,主要用于满足临时资金周转需要。

(1)短期借款的信用条件

① 信贷额度。信贷额度也称贷款限额,是指借款企业与银行在协议中规定的借款最高限额,信贷额度的有效期限通常为一年。一般情况下,在信贷额度内,企业可以随时按需要支用借款。但是,银行并不承担必须贷款的义务。如果企业信誉恶化,即使在信贷额度内,企业也可能得不到借款。此时,银行不会承担法律责任。

② 周转信贷协议。周转信贷协议是指银行从法律上承诺向企业提供不超过某一最高限额的贷款协议。在协议的有效期内,只要企业的借款总额未超过最高限额,银行就必须满足企业任何时候提出的借款要求。企业享用周转信贷协议,通常要对贷款限额中的未使用部分付给银行一笔承诺费。

③ 补偿性余额。补偿性余额是指银行要求借款人在银行中保持按贷款限额或实际借用额一定百分比(一般为10%至20%)计算的最低存款余额。补偿性余额有助于银行降低贷款风险,补偿其可能遭受的风险;对借款企业来说,补偿性余额则提高了借款的实际利率,加重了企业的利息负担。

④ 借款抵押。借款抵押是指借款者以一定的抵押品作为物品保证向银行取得借款。抵押品通常包括有价证券、国债券、各种股票、房地产、货物的提单、栈单或其他各种证明物品所有权的单据。贷款到期,借款者必须如数归还,否则银行有权处理抵押品,作为一种补偿。

⑤ 偿还方式。贷款的偿还有到期一次偿还和在贷款期内定期(每月、季)等额偿还两种方式。一般来讲,企业不希望采用后一种偿还方式,因为这会提高借款的实际利率;而银行不希望采用前一种偿还方式,因为这会加重企业的财务负担,增加企业的拒付风险,同时也会降低实际贷款利率。

（2）短期借款利息支付方式

① 收款法。收款法又称利随本清法，是指借款期内不支付利息，到期时连本带利一并偿还的利息支付方式。采用该方法，借款的名义利率等于实际利率。

② 贴现法。贴现法是指银行向企业发放贷款时，先从本金中扣除利息部分，而到期时借款企业要偿还贷款全部本金的一种计息方法。采用这种方法，企业可利用的贷款额只有本金减去利息部分后的差额，因此贷款的实际利率高于名义利率。

③ 加息法。加息法是指银行发放分期等额偿还贷款时所采用的利息收取方法。在分期等额偿还贷款的情况下，银行要将根据名义利率计算的利息加到贷款本金上，计算出贷款的本息和，要求企业在贷款期内分期偿还本息之和的金额。由于贷款分期均衡偿还，借款企业实际上只平均使用了贷款本金的半数，却支付全额利息。这样，企业负担的实际利率便高于名义利率约1倍。

2. 短期融资券

短期融资券是由企业发行的无担保短期本票。在我国，短期融资券是指企业依照《银行间债券市场非金融企业债务融资工具管理办法》的条件和程序，在银行间债券市场发行和交易，并约定在一定期限内还本付息的有价证券，是企业筹措短期资金的直接融资方式。

短期融资券具有以下一些特征：① 发行人为非金融企业；② 它是一种短期债券品种，期限不超过（≤）365天；③ 发行利率（价格）由发行人和承销商协商确定；④ 发行对象为银行间债券市场的机构投资者，不向社会公众发行；⑤ 实行余额管理，待偿还融资券余额不超过企业净资产的40%；⑥ 可以在全国银行间债券市场机构投资人之间流通转让。

（二）长期借款

长期借款是指企业从银行或其他金融机构借入的使用期限在一年以上的各种借款，主要用于购建固定资产和满足长期流动资金占用的需要。

1. 长期借款的种类

（1）按照用途划分

按照用途划分，长期借款可分为固定资产投资借款、更新改造借款、科技开发和新产品试制借款等。

（2）按提供贷款的机构划分

按提供贷款的机构划分，长期借款可分为政策性银行贷款、商业银行贷款等。政策性银行贷款指执行国家政策性贷款业务的银行向企业发放的贷款。例如，国家开发银行主要为满足企业承建国家重点建设项目的资金需要提供贷款；进出口信贷银行则为大型设备的进出口提供买方或卖方信贷。商业银行贷款指由各商业银行向工商企业提供的贷款，这类贷款主要为满足企业建设竞争性项目的资金需要。此外，企业还可以从信托投资公司取得实物或货币形式的信托投资贷款，从财务公司取得各种中长期贷款等。

（3）按有无担保划分

按有无担保划分，长期借款可分为信用贷款和抵押贷款。信用贷款指不需企业提供抵押品，仅凭其信用或担保人信誉而发放的贷款。抵押贷款则要求企业以抵押品作为担保的贷款。长期贷款的抵押品，常常是房屋、建筑物、机器设备、股票、债券等。

2. 长期借款的保护性条款

（1）一般性保护条款

该类条款是对企业资产的流动性及偿债能力等方面的要求条款，它适用于大多数借款合同，主要包括如下条款：① 保持企业的资产流动性。要求企业持有一定最低额度的货币资金及其他流动资产，以保持企业资产的流动性和偿债能力，一般规定了企业必须保持的最低营运资金数额和最低流动比率数值。② 限制企业非经营性支出。如限制支付现金股利、购入股票和职工加薪的数额规模，以减少企业资金的过度外流。③ 限制企业资本支出的规模。控制企业资产结构中长期性资产的比例，以减少公司日后不得不变卖固定资产以偿还贷款的可能性。④ 限制公司再举债规模。目的是防止其他债权人取得对公司资产的优先索偿权。⑤ 限制公司的长期投资。如规定公司不准投资短期内不能收回资金的项目，不能未经银行等债权人同意而与其他公司合并等。

（2）例行性保护条款

该类条款作为例行常规，在大多数合同中也都会出现，主要包括如下条款：① 定期向提供贷款的金融机构提交公司财务报表，使债权人随时掌握公司的财务状况和经营成果。② 保持存货储备量，不准在正常情况下出售较多的非产成品存货,以保持企业正常生产经营的能力。③ 及时清偿债务,包括到期清偿应缴纳税金和其他债务,以防被罚款而造成不必要的现金流失。④ 不准以资产作为其他承诺的担保或抵押。⑤ 不准贴现应收票据或出售应收账款,以避免或有负债等。

(3) 特殊性保护条款

该类条款是针对特殊情况而出现在部分借款合同中的条款,只有在特殊情况下才能生效,主要包括:要求公司的主要领导人购买人身保险;借款的用途不得改变;违约惩罚条款等。

总之,上述各项条款结合使用,有利于全面保护银行等债权人的权益。但借款合同是经双方充分协商后决定的,最终结果取决于双方的谈判能力,而不是完全取决于银行等债权人的主观愿望。

3. 借款筹资评价

无论是短期借款,还是长期借款,都具有以下特点:

(1) 筹资速度快

企业利用借款筹资,一般所需时间较短,程序较为简单,可以快速获得资金。而通过发行股票、债券筹集资金,需要做好发行前的各种工作,如印制证券等,发行也需要一定时间,故耗时较长,程序较为复杂。

(2) 筹资成本低

利用借款筹资,其利息可在所得税前列支,故可减少企业实际负担的成本,因此比利用股票筹资的成本要低得多;与债券相比,借款利率一般也会低于债券利率。此外,借款属于间接筹资,筹资费用也极少。

(3) 筹资弹性好

在借款之前,公司可与贷款机构直接商定借款的时间、数量、条件等;在借款期间,若公司财务状况发生某些变化,也可以与债权人就变更借款数量提前偿还等问题进行协商。因此,借款筹资对公司具有较大的灵活性。

(4) 可发挥财务杠杆效应

银行借款的利率固定,当企业的投资收益率高于银行借款利率时,可以提高企业的净资产收益率。

(5) 筹资风险较高

借款通常有固定的利息负担和确定的还款期限,故借款企业还款压力较大、筹资风险较高。

五、债券投资

企业投资是指企业将资金投放于某一特定对象,以期在未来获取收益的经济行为。在实际的财务活动中,投资有广义和狭义之分。广义的投资既包括对内投资(对流动资产、固定资产、无形资产等的投资),也包括对外投资(债券投资、股票投资、基金投资、期货投资等);狭义的投资仅指对外投资。财务管理中的投资是一个广义概念。

(一)债券投资的目的

债券是指债务人依照法定程序发行,承诺按约定利率和日期支付利息,并在特定日期偿还本金的书面债务凭证。企业进行短期债券投资的目的主要是合理利用暂时闲置的资金,调节现金余额,获得适当收益;企业进行长期债券投资的目的则是获得稳定的收益。

(二)债券投资决策

进行投资时,最核心的问题就是要弄清楚是否值得投资。若要判断是否值得投资,就应该掌握投资决策的方法。债券投资决策的方法主要有以下两种:

第一,计算债券内在价值,将债券的内在价值与债券现行市价进行比较。债券内在价值是指投资者购买债券时可接受的最高市价,若前者大于后者,说明投资者认为债券的市场价格还有可能上涨,现在购买可以获得价差收益;反之,则说明投资者认为债券的价值被高估,其价格随时可能下跌,此时不宜购买债券。

第二,就是确定债券的投资收益率,对比债券的投资收益率与企业要求的最低收益率,以决定是否进行投资。当债券的投资收益率高于企业要求的最低收益率时,可以投资;反之则不宜投资。

六、股票投资

(一)股票投资的目的

企业进行股票投资的目的不外乎两种:一是获取收益,即作为一般的股票投资人，获得股利收入和股票买卖的价差；二是形成控制，即通过购买某一企业大量的股票达到控制该企业的目的。

（二）股票投资决策

股票投资决策方法有两种：第一，计算股票内在价值，然后比较股票内在价值与股票市价，以确定是否购买该股票；第二，计算股票投资的内含报酬率，将其与该股票必要报酬率进行比较，以做出合理的投资决策。

七、项目投资

（一）项目投资概述

1. 项目投资的含义

项目投资是一种以特定项目为对象，直接与新建项目或更新改造项目有关的长期投资行为。本节讨论的项目投资主要有两种，即新建项目和更新改造项目。

（1）新建项目

新建项目是以新建生产能力为目的的外延式扩大再生产。新建项目依据涉及的内容，又可细分为单纯固定资产投资项目和完整工业投资项目。① 单纯固定资产投资项目，简称固定资产投资，其特点在于在投资中只包括为取得固定资产而发生的垫支资本投入，而不涉及周转资本的投入。② 完整工业投资项目，其特点在于不仅包括固定资产投资，还涉及流动资金投资，甚至包括无形资产等其他长期资产投资。

（2）更新改造项目

更新改造项目是以恢复或改善生产能力为目的的内涵式扩大再生产。因此，不能将项目投资简单地等同于固定资产投资。项目投资对企业的生存和发展具有重要意义，是企业开展正常生产经营活动的必要前提，是推动企业生产和发展的重要基础，是提高产品质量、降低产品成本不可缺少的条件，是提高企业市场竞争能力的重要保障。

2. 项目投资的计算期及其构成

项目计算期是指投资项目从投资建设开始到最终清理结束的全部时间，包括建设期和生产经营期。建设期是指项目资金正式投入开始到项目建成投产为止所需要的时间，建设期第一年的年初称为建设起点，建设期最后一年年末称为投产日。生产经营期则是指从投产日到项目终结点之间的时间间隔。它又包括试产期和达产期两个阶段。试产期是指项目投入生产，但生产能力尚未完全达到设计能力时的过渡阶段；达产期则是指生产运营达到设计预期水平后的时间。项目计算期、建设期、生产经营期之间的关系如下：

$$项目计算期=建设期+生产经营期$$

$$项目计算期=建设期+试产期+达产期$$

3. 项目投资的内容。

项目投资的内容反映项目投资金额的指标，主要包括原始投资和项目总投资。

（1）原始投资

原始投资，又称初始投资，是反映项目所需现实资金的价值指标，它等于企业为使项目完全达到设计生产能力、开展正常经营而投入的全部现实资金，具体包括建设投资和流动资金投资两项内容。

① 建设投资，是指建设期内按一定生产经营规模和建设内容进行的投资，具体包括固定资产投资、无形资产投资和其他资产投资。

固定资产投资，是指项目用于购置或安装固定资产发生的投资。固定资产原值与固定资产投资之间存在以下关系：

$$固定资产原值=固定资产投资+建设期资本化借款利息$$

无形资产投资，指项目用于取得无形资产发生的投资。

其他资产投资，指建设投资中除固定资产和无形资产投资之外的投资，包括生产准备费和开办费两项内容。

② 流动资金投资，指项目投产前后分次或一次投放于流动资产项目的投资增加额。

2. 项目总投资

项目总投资是指拟建项目全部建成、投入营运所需的费用总和，其具体内容包括建筑工程费、设备及工器具购置费、安装工程费、工程建设其他费用、基本预备费、涨价预备费、建设期利息、流动资金。

（二）现金流量

1. 现金流量的含义

在进行项目投资决策时，首要环节就是估计投资项目的现金流量。所谓现金流量是指投资项目在其计算期内，因资金循环而引起的现金流入和现金流出增加的数量。这里的现金概念是广义的，既包括各种货币资金，也包括与投资项目有关的非货币资产的变现价值。

2. 项目投资使用现金流量的原因

在项目投资评价中，重视使用现金流量而非会计利润，主要是基于以下一些考虑：

第一，项目投资评价是建立在收付实现制基础上的，而会计上的收入、成本依据的则是权责发生制，所以会计上确认的利润并不代表企业就拥有那么多现实资金；第二，项目投资的预期现金流量呈现出具体发生的时点分布特征，而会计利润则反映了企业一定期间内的盈利水平；第三，项目投资的预期现金流量可以实现在不同发生时点之间进行折算，而会计利润只能确认为企业当期的盈利，各期之间只能比较而不可折算；第四，项目投资的预期现金流量在各个时点上的净流量可以被视为对后续期的实质性再投入资金，因而其价值符合复利计算的原理。

3. 确定现金流量的假设

确定项目的现金流量，就是在收付实现制的基础上，预计并反映现实货币资金在项目计算期内各年中的收支情况。为了便于确定现金流量的具体内容，简化现金流量的计算过程，特做以下假设：

（1）投资项目类型的假设

投资项目类型的假设即投资项目只包括单纯固定资产投资项目、完整工业投资项目和更新改造投资项目三种类型。

（2）财务可行性分析假设

在实际工作中，评价一个项目是否可行，不仅要从财务方面进行考察，还要从技术和对国民经济的影响等方面进行分析。如果某项目技术落后、破坏环境，即使从财务角度认为其是可行的，也不能实施。为简化分析，这里假设投资项目除了财务可行性有待进一步分析，其他方面都是可行的。

（3）全投资假设

全投资假设即假设在确定项目的现金流量时，只考虑全部投资的运动情况，不再区分资金的性质，均视为自有资金。

（4）建设期投入全部资金假设

建设期投入全部资金假设即不论项目的原始总投资是一次投入还是分次投入，均假设它们是在建设期内投入的。

（5）经营期与折旧年限一致假设

经营期与折旧年限一致假设即假设项目主要固定资产的折旧年限或使用年限与其经营期相同。

（6）时点指标假设

为了便于利用资金时间价值的形式，现金流量具体内容涉及的价值指标实际上不论是时点指标还是时期指标，均假设按照年初或年末的时点指标处理。其中，建设投资在建设期内有关年度的年初或年末发生；流动资金投资在建设期末发生；经营期内各年的收入、成本、摊销、利润、税金等项目的确认均在年末发生；项目最终报废或清理均发生在终结点（但更新改造项目除外）。

（7）确定性假设

确定性假设即假设与项目现金流量估算有关的价格、产销量、成本水平、所得税税率等因素均为已知常数。

4. 现金流入量的内容

现金流入量是指投资项目实施后，在项目计算期内引起的企业现金收入的增加额，简称现金流入。现金流入主要包括以下内容：

（1）营业收入

营业收入是指项目投产后每年实现的全部营业收入。为简化核算，假定正常经营年度内每期发生的赊销额与回收的应收账款大致相等。营业收入是经营期主要的现金流入量项目。

（2）固定资产的余值

固定资产的余值是指投资项目的固定资产在终结点报废清理时的残值收入，或中途转让时的变价收入。

（3）回收流动资金

回收流动资金是指投资项目在项目计算期结束时，收回原先投放在各种流动资产上的营运资金。固定资产的余值和回收流动资金统称为回收额。

（4）其他现金流入量

其他现金流入量是指以上三项指标之外的现金流入量项目。

5. 现金流出量的内容

现金流出量是指投资项目实施后，在项目计算期内引起的企业现金流出的增加额，简称现金流出。现金流出主要包括以下内容：

（1）建设投资（含更新改造投资）

建设投资是指建设期发生的主要现金流出量，主要包括：① 固定资产投资，包括固定资产的购置成本、运输成本、安装成本等；② 无形资产投资。

（2）垫支的流动资金

垫支的流动资金是指投资项目建成投产后，为开展正常经营活动而投放在流动资产（存货应收账款等）上的营运资金。建设投资与垫支的流动资金合称为项目的原始总投资。

（3）付现成本（或经营成本）

付现成本是指在经营期内为满足正常生产经营而需用现金支付的成本。它是生产经营期内最主要的现金流出量。

$$付现成本=变动成本+付现的固定成本=总成本-折旧额（及摊销额）$$

（4）所得税额

所得税额是指投资项目建成投产后，因应纳税所得额增加而增加的所得税。

（5）其他现金流出量

其他现金流出量是指不包括在以上内容中的现金流出项目。

6. 现金净流量的内容

现金净流量又称净现金流量，是指项目计算期内每年现金流入量与同年现金流出量的差额所形成的序列指标，它是计算项目投资决策评价指标的重要依据。

无论是建设期还是经营期都存在净现金流量。由于项目计算期不同阶段的现金流入量和现金流出量发生的可能性不同，各阶段的净现金流量在数值上表现出不同的特点：建设期内的净现金流量一般小于或等于零；经营期内的净现金流量则多为正值。

第三节 营运资金管理

一、营运资金管理概述

（一）营运资金的概念

营运资金又称营运资本，它有广义和狭义两种定义。广义的营运资金又称总营运资金，就是企业的流动资产总额，主要用于研究企业资产的流动性和周转状况，是财务管理概念；狭义的营运资金，又称净营运资金，是指企业的流动资产总额减去各类流动负债后的余额，主要用于衡量企业的偿债能力和财务风险，是会计概念。

（二）营运资金的特点

为了有效地管理企业的营运资金，必须研究营运资金的特点，以便有针对性地进行管理。通常，营运资金具有以下特点：

1. 营运资金周转的短期性

企业占用流动资产上的资金，周转一次所需时间较短，通常会在一年或一个营业周期内收回，对企业影响较小。根据这一特点，营运资金可通过商业信用、银行短期借款等筹资方式来加以解决。

2. 营运资金数量的波动性

流动资产的数量会随企业内外部条件的变化而变化，时高时低，波动很大。特别是季节性企业，随着内外部条件的变动，其流动负债的数量也会发生变动。财务人员应有效地预测和控制这种波动，以防止其影响企业正常的经营活动。对流动资产管理来说，要尽量使流动资产的数量变动与企业生产经营波动保持一致，以满足企业需要。

3. 营运资金实物形态的变现性

短期投资、应收账款、存货等流动资产一般具有较强的变现能力，如果遇到意外情况，企业出现资金周转不灵、现金短缺时，便可以迅速变卖这些资产，获取现金。这对财务上应付临时性资金需求具有重要意义。

4. 营运资金实物形态的并存性

企业营运资金的实物形态是经常变化的，一般在现金、材料、在产品、产成品、应收账款、现金之间顺序转化。企业筹集的资金一般以现金形式存在，为了保证生产经营的正常进行，必须拿出一部分现金去采购材料。这样，有一部分现金便转化为材料；材料投入生产，产品进一步加工完成，就成为准备出售的产成品；产成品经过出售，有的可直接获得现金，有的则因赊销而形成应收账款，经过一定时期以后，应收账款通过收现又转化为现金。总之，流动资金每次循环都要经过采购、生产、销售过程，并表现为现金、材料、在产品、产成品、应收账款等具体形态。为此，在进行流动资产管理时，必须合理配置资金数额，以使资金周转顺利进行。

5. 营运资金来源的多样性

企业筹集长期资本的方式比较固定，一般有吸收直接投资、发行股票、发行债券、银行长期借款等。企业筹集营运资金的方式较灵活，通常有银行短期借款、短期融资券、商业信用、应交税金、应交利润、应付工资、应付费用、预收货款、票据贴现等。

（三）营运资金管理的主要内容

1. 现金管理

现金管理的目的是在保证企业生产经营所需现金的同时，节约使用资金，并从暂时闲置的现金中获得最多的收益。持有足够的现金不仅能增强企业资产的流动性，还能应付意外事件对现金的需求，从而降低企业的财务风险。加强现金管理是企业营运资金管理中一项较为重要的内容。

2. 应收账款管理

企业存在应收账款，一方面可以提高企业的竞争能力，增加销售，减少存货；另一方面，应收账款各种成本的增加又不可避免。因此，企业应制定合理的信用政策，权衡应收账款的收益与风险，比较不同方案的成本与收益，追求应收账款管理效益最大化。

3. 存货管理

存货是流动资产的重要组成部分。存货控制和管理效率直接影响企业资产的流动性和生产经营过程的连续性。存货管理的目的在于控制存货投资水平，降低存货成本，加速存货周转速度。

（四）营运资金管理策略

1. 营运资金的投资策略

营运资金投资策略即企业流动资产的投资策略，是指在权衡营利性和风险性的基础上，选择营运资金存量的规模。通常，营运资金的投资策略有以下三种基本类型：

（1）保守的营运资金投资策略

这种策略不仅要求企业流动资产总量要足够充裕，在总资产中占比较高，还要求流动资产中流动性较高的项目也要保持足够的数量。该策略虽然降低了企业可能遭受的风险，但也降低了企业的盈利能力。因为，在企业总资产一定的情况下，投放在流动资产上的资金量增多，必然会导致投放在获利能力较强的长期资产上的资金减少，所以这种策略是一种低风险、低收益的管理策略。一般情况下，企业在外部环境不确定程度较高时，为规避风险，多采用这种策略。

（2）激进的营运资金投资策略

这种策略不仅要求企业最大限度地削减流动资产存量，使其在总资产中的占比尽可能低，还要尽量降低流动性较高项目在流动资产中的占比。该策略虽然可以提高企业的资产报酬率，但也会增加企业的流动性风险。所以，激进的营运资金投资策略是一种高风险、高收益的策略。一般来讲，它只适合外部环境相当稳定的企业。

（3）适中的营运资金投资策略

这种策略要求企业流动资产的存量介于前两者之间，由此形成的风险和收益也介于前两者之间。一般来讲，企业流动资产的数量按其功能划分，可分为两部分：一部分是正常需求量，满足正常生产经营活动的需要；另一部分是保险储备量，应付意外情况的发生。适中的营运资金投资策略就是在保证企业正常生产经营对流动资产需求的情况下，留有一定的保险储备，并在流动资产各项目之间确定一定的比例构成。

企业在制定营运资金投资策略时，首先需要权衡的是资产的收益性与风险性。增加流动资产投资会增加流动资产的持有成本，降低资产的收益性，增强资产的流动性。反之，减少流动资产投资会降低流动资产的持有成本，增加资产的收益性，但资产的流动性会降低，短缺成本会增加。因此，从理论上来讲，最优的流动资产投资应该使流动资产的持有成本与短缺成本之和最低。

其次，制定营运资金投资策略，还应充分考虑企业经营的内外部环境。通常，银行和其他借款人非常重视企业流动性水平，因为流动性是这些债权人确定信用额度和借款利率的主要依据之一。他们还会考虑应收账款和存货的质量，尤其是当这些资产被用来当作一项贷款的抵押品时。

2. 营运资金的融资策略

营运资金的融资策略是为流动资产筹措资金的策略选择，解决的是流动资产与流动负债的匹配问题。具体而言就是如何安排临时性流动资产和永久性流动资产的资金来源。为了更好地理解营运资金的融资策略，有必要明晰几组概念：临时性流动资产和永久性流动资产，自发性短期负债和临时性短期负债，长期融资和短期融资。

流动资产按用途划分，可分为临时性流动资产和永久性流动资产。临时性流动资产是指受季节性或周期性影响的流动资产，如季节性存货、经营旺季的应收账款等。永久性流动资产是指为满足企业长期稳定发展的需要，即使处于销售和经营低谷也必须保留的流动资产。

流动负债按形成方式划分，可分为自发性短期负债和临时性短期负债。自发性短期负债是指直接产生于企业生产经营中的商业信用筹资，如应付账款、应付工资等。临时性短期负债则是为了满足临时性流动资金的需要而发生的负债，如为了满足临时性需要而向银行借入的短期借款。

长期融资包括权益融资和长期负债融资，短期融资则是指各种类型的流动负债融资。

根据企业对待风险的态度以及企业承受风险的能力，营运资金融资策略可分为以下三类：

（1）配比型融资策略

在配比型融资策略中，企业用临时性短期负债对临时性流动资产进行融资，而用自发性短期负债和长期融资对永久性流动资产和长期资产进行融资。这种策略将资产与负债的期间相配合，尽可能地降低企业不能偿还到期债务的风险,尽可能地降低债务的资本成本,所以要求企业临时性短期负债的筹资计划必须严密,尽量实现现金流与预期安排相一致。但是,企业往往达不到资产与负债的完全匹配。所以,此策略是一种理想的融资策略,在现实生活中难以实现。

（2）保守型融资策略

保守型融资策略是指企业不仅利用长期融资和自发性短期负债对永久性流动资产和长期资产进行融资,也对部分临时性流动资产进行融资的策略。在这种策略下,由于临时性短期负债所占比重较小,企业无法偿还到期债务的风险较低;另外,因长期负债资本成本较高,以及经营淡季时仍需负担长期负债的利息,企业的收益会降低。所以,保守型融资策略是一种风险和收益均较低的营运资金筹资策略。

（3）激进型融资策略

激进型融资策略是指企业不仅要满足全部临时性流动资产的资金需要,还要解决部分永久性资产的资金需要。一方面,在这种策略下,由于临时性负债所占比重较大,且临时性负债的资本成本一般低于长期融资的资本成本,所以企业资本成本较低;另一方面,临时性负债的偿还期限较短,企业需要频繁地举新债、还旧债,从而加大了不确定性风险。所以,激进型融资策略是一种风险和收益均较高的营运资金筹资策略。

综上所述,营运资金管理策略主要有营运资金的投资策略、融资策略两种,究竟选用哪种方法,应视具体情况而定。同时,营运资金在管理过程中应保证合理的资金需求、提高资金使用效率、节约资金使用成本和保持足够的短期偿债能力。

二、现金管理

现金有狭义和广义之分。狭义的现金仅指库存现金。广义的现金则包括现金及其等价物,如银行存款、其他货币资金、有价证券等。现金是企业流动性最强的资产,但是闲置的现金盈利能力极差。

（一）加速收款

为了提高现金的使用效率、加速现金周转,企业应尽量加速账款的收回。一般来说,企业账款收回包括三个阶段:客户开出支票、企业收到支票、银行结算支票。企业账款收回的时间包括支票邮寄时间、支票在企业停留时间以及支票结算时间。前两个阶段的时间不但与客户、企业、银行之间的距离有关，而且与收款的效率有关。在实际工作中，缩短这两段时间的方法一般有锁箱法、银行业务集中法等。

1. 锁箱法

这是西方企业加速现金流转的一种常用方法。企业可以在各主要业务所在地城市租用专门的邮政信箱，并开立分行存款户。客户将支票直接寄往该邮箱而不是企业，当地银行每日开启信箱，立即结算客户支票，并通过电汇再将款项拨给企业总部所在地银行。锁箱法不仅缩短了支票邮寄时间，还简化了公司办理收账、货款存入银行等手续，因而也缩短了支票在企业的停留时间。

2. 银行业务集中法

这是一种企业建立多个收款中心来加速现金流转的方法。在该方法下，企业指定一个主要开户行（通常在企业总部所在地）为集中银行，并在收款额较集中的若干地区设立收款中心；客户将支票直接汇给当地收款中心，中心收款后立即存入当地银行，当地银行在进行票据交换后，立即转给企业总部所在银行。该方法同样缩短了支票邮寄时间，也就是缩短了现金从客户到企业的中间周转时间。

除了上述两种方法，企业还可以采取电汇、大额款项专人处理、企业内部往来多边结算、集中轧抵等办法，缩短支票邮寄和停留时间。

（二）控制支出

与现金收入的管理相反，现金支出管理的主要任务是尽可能地延缓现金的支出时间。当然，这种延缓必须是合理合法的，否则企业延期支付账款所得到的收益将远远低于其由此遭受的信用损失。延期支付款项的方法主要有：

1. 使用现金"浮游量"

所谓现金浮游量是指企业账户上现金余额与银行账户所示存款余额之间的差额，即企业已做付款记账而银行尚未付出的那笔款项。这主要是因为有些支票，企业已开出，但客户还未到银行兑现。如能正确预测浮游量并加以利用，可节约大量现金。

2. 推迟应付款的支付

企业在不影响信誉的情况下，应尽可能推迟应付款的支付。例如，充分利用供货方提供的信用期，选择离供货方较远的银行或金融机构处理给供货人的欠款支票等。

3. 汇票付款

在使用支票付款时，只要受票人将支票放进银行，付款人就要无条件地付款。但汇票不是"见票即付"的付款方式，在受票人将汇票存入银行后，银行还要将汇票送交付款人承兑，并由付款人将一笔相当于汇票金额的现金存入银行，之后银行才会付款给受票人。这样就可能合法地延期付款。

4. 延缓工资支付

有的企业在银行单独开设一个账户专供支付职工工资，每到工资支付日，向这一账户存入资金，再由银行转账给职工个人账户。为了最大限度地减少这个账户存款的余额，企业可预先估计出开出支付工资支票到银行兑现的时间。

三、应收账款管理

应收账款，是指企业因销售产品或提供劳务等业务，向购货单位或接受劳务单位收取的款项，是企业流动资产投资的重要组成部分。随着市场经济的发展、商业信用的推行，企业应收账款数额明显增多，应收账款管理已成为流动资产管理中一个重要的组成部分。企业进行应收账款管理，一方面，可以提高企业的竞争能力、扩大销售、减少存货；另一方面，应收账款各种成本的增加又不可避免。因此，制定合理的信用政策，权衡应收账款的收益与风险，比较不同方案下的成本与收益，追求应收账款管理效益最大化，就成为应收账款的管理目标。

（一）应收账款的成本

1. 机会成本

应收账款的机会成本是指企业的资金被应收账款占用而丧失的潜在收益，它与应收账款的数额有关，与应收账款占用时间有关，也与参照利率有关。参照利率可用以下两种方法确定：① 假定资金没被应收账款占用，即应收账款款项已经收讫,那么这些资金便可用于投资,取得投资收益,此时的参照利率就是投资收益率;② 若这些资金可以扣减筹资数额,供企业经营使用,减少筹资用资的资金成本,此时的参照利率就是企业的平均资本成本率。

2. 管理成本

应收账款的管理成本是指企业对应收账款进行管理而发生的开支。管理成本包括对客户的信用调查费用、应收账款记录分析费用、催收账款费用等。应收账款的管理成本在一定数额范围内为固定成本。

3. 坏账成本

坏账成本是指应收账款因故不能收回而发生的损失。存在应收账款,就难以避免坏账的发生,这会给企业带来不稳定与风险,企业可按有关规定以应收账款余额的一定比例提取坏账准备。坏账成本一般与应收账款的数额有关,与应收账款的拖欠时间有关。

(二)信用政策

信用政策就是应收账款的管理政策,是指企业为对应收账款投资进行规划与控制而确立的基本原则与行为规范,包括信用标准、信用条件和收账政策。

1. 信用标准

信用标准是指客户获得企业商业信用所具备的最低条件,通常以预期的坏账损失率表示。如客户达不到信用标准,就不能享受企业的信用或只能享受较低的信用优惠。信用标准必须合理,过高会使企业客户减少,这虽然有利于减少坏账损失及收账费用,但也可能会造成销售下降、库存增加,进而削弱企业的竞争力。相反,如果企业放宽信用标准,虽然有利于提高销售收入,提高企业的市场份额,但同时也会导致坏账损失风险和收账费用增加。因此,企业应根据具体情况,制定适当的信用标准。

企业在为某客户设定信用标准时,往往先要评估他赖账的可能性。这可以通过"5C"系统来完成。所谓"5C"系统,就是评估客户信用的五个方面,即品质(Character)、能力(Capacity)、资本(Capital)、抵押(Collateral)和条件(Conditions)。

（1）品质

品质就是客户的信誉，即客户履行其偿债义务的可能性。它是信用评价体系的首要因素。企业必须设法了解客户过去的付款记录，看其是否按期如数付款、与其他供货企业的关系是否良好。

（2）能力

能力是指客户的偿债能力，即其流动资产的数量和质量以及与流动负债的比例。同时，还应注意客户流动资产的质量，看是否有存货过多、过时或质量下降，而影响其变现能力和支付能力的情况。

（3）资本

资本是指客户的财务实力和财务状况，表明客户可能偿还债务的背景，是客户偿付债务的最终保证。

（4）抵押品

抵押品是指客户拒付款项或无力支付款项时能被用作抵押的资产。这对不知底细或信用状况有争议的客户尤为重要。一旦收不到这些客户的款项，便以抵押品抵补。如果这些客户能够提供足够的抵押资产，就可以考虑向他们提供相应的交易信用。

（5）经济状况（条件）

经济状况是指可能影响客户付款能力的经济环境。例如，如果出现经济不景气，会对客户付款产生什么影响、客户会如何做等。要想了解这一点，企业可以查看客户过去困难时期的付款历史，从而分析外部环境的变化对客户偿付能力的影响及客户是否具有较强的应变能力。

企业通对过上述五个方面的分析，基本上可以对客户的信用状况做出评价，并将其作为企业向客户提供商业信用的依据。

2.信用条件

信用条件是指企业接受客户信用订单时提出的付款要求。一旦某客户符合企业的信用标准而成为信用客户时，就会面临信用条件的选择。信用条件主要包括信用期限、折扣期限、现金折扣。

（1）信用期限

信用期限是企业给予客户的付款时间。例如，若某企业允许客户在购货后50天内付款，则信用期为50天。信用期过短，不足以吸引客户，会使销售额下降；信用期过长，对销售额增加固然有利，但只顾及销售增长而盲目放宽信用期，所得的收益有时会被增长的费用抵消，甚至导致利润减少。因此，企业必须慎重考虑恰当的信用期限。

（2）折扣期限

折扣期限是为顾客规定的可享受现金折扣的付款时间。

（3）现金折扣

现金折扣是指企业为鼓励客户提前付款而给予价格上的一些优惠，其目的在于缩短应收账款的平均收款期。另外，现金折扣也能招揽一些视折扣为减价出售的客户来购货，借此扩大销售量。

企业采用什么程度的现金折扣，要与信用期限结合起来考虑。不论是信用期限还是现金折扣，都可能给企业带来收益，但也会增加成本。当企业给予客户某种现金折扣时，应当考虑折扣能带来的收益与成本孰高孰低，权衡利弊后再进行决断。

因为现金折扣是与信用期限结合使用的，所以确定折扣程度的方法与程序实际上与前述确定信用期限的方法与程序是一致的，只不过要把延期付款时间和折扣综合起来，看各方案提供的延期付款时间与折扣能取得多大的收益增量，再计算各方案的成本变化，最终确定最佳方案。

3. 收账政策

收账政策是指客户违反信用条件，拖欠甚至拒付账款时企业应采取的策略。

首先，企业应投入一定的收账费用，以减少坏账的发生。一般来说，随着收账费用的增加，坏账损失会逐渐减少，但收账费用并不是越多越好，因为收账费用增加到一定数额后，坏账损失就不再减少，说明在市场经济条件下不可能绝对避免坏账。收账费用要在权衡增加的收账费用和减少的坏账损失后确定。

其次，企业对客户欠款的催收应做到有理、有利、有节。对超过信用期限不多的客户，宜采用电话、发短信等方式提醒对方付款；对久拖不还的欠款，应调查分析客户欠款不还的原因：如客户确因财务困难而无力支付，则应与客户相互协商沟通，寻求理想的解决问题的办法，也可以对客户予以适当帮助；如客户欠款后恶意赖账、品质恶劣，则应逐渐加大催账力度，直至诉诸法律,并将该客户从信用名单中剔除。不到万不得已,应尽量避免对客户采用强硬措施,要珍惜与客户之间的友情,树立企业的良好形象。

(三)应收账款的日常管理

1. 制定合理的信用政策

制定信用政策,既要考虑不会因过严而使销售额下降,又要考虑不会因过松而使相应成本增加,要在收益与成本之间权衡。

2. 加强应收账款的风险分析,建立坏账准备制度

应收账款发生后,企业应采取各种措施,尽可能按期收回应收账款。一般而言,客户拖欠账款时间越长,发生坏账损失的风险也就越高。企业应做好应收账款风险(账龄)分析,建立坏账准备制度,密切关注应收账款的回收进度和发生的变化。

(1)建立应收账款坏账准备制度

企业应遵循稳健性原则,对风险损失的可能性预先进行估计,积极建立弥补坏账损失的准备制度,根据《企业会计准则》的规定和企业实际情况,合理计提坏账准备。

(2)降低应收账款风险可将应收账款转化为应收票据

应收票据具有很强的追索性,到期前可以背书转让或贴现,能够在一定程度上减少风险损失。所以,当客户到期不能偿还货款时,企业可以要求客户开具承兑汇票,以抵消其应收账款。

3. 不断完善收账政策

当应收账款受到客户拖欠或拒付时,企业应当首先分析现行的信用政策和信用审批制度是否存在纰漏,然后对违约客户的信用等级重新进行调查摸底,进行再认识,对不同信用等级的客户制定出不同的收账政策。

企业在催收账款时,肯定要发生收账费用,有些收款方式的收账费用还会很高。一般来说,收账费用越高,收账措施越有力,收回账款的可能性就越大,损失就越小。因此,企业在制定收账政策时,要在收账费用和减少坏账损失之间权衡,制定出有效的收账措施,提高应收账款变现的能力。

4.加强应收账款成本管理

应收账款一旦形成，企业就不可避免地要承担相应的成本。应收账款不断增多，会占用企业正常周转的流动资金，影响企业正常经营。因此，企业管理层在生产经营过程中，要更新观念，从注重企业效益入手，切实抓好企业管理工作，减少应收账款的资金占用；要严格赊销审批手续，加强赊销数额管理；要从融资成本考虑，如果赊销额占企业流动资产总量比重较大，其成本就会增大，风险也会随之增大，影响企业正常运行；要加强应收账款的核对和定期核查，防范因管理不严而出现挪用及资金体外循环等问题，避免呆、坏账的产生；对发生的呆、坏账，要在取得确凿证据后，根据确认坏账的标准，及时入账，防止资金损失。总之，企业必须加强应收款成本管理，制定严格的信用政策和收账政策，尽量减少不必要的费用支出，把损失降到最低。

综上所述，应收账款的日常管理是一项系统性的管理活动，企业要加强财务管理，充分利用规章制度，发挥管理工作的整体效率，坚持原则性和灵活性相结合的原则，在确保企业经营成果的同时，尽量避免呆、坏账损失，促进企业持续、稳定地发展。

四、存货管理

存货是指企业在生产经营过程中为生产或销售而储备的物资，如材料、在产品、产成品等，是流动资产的重要组成部分。企业持有存货的基本目的是保证生产经营活动的顺利进行，因此绝大多数工商企业均拥有相当规模的存货。由于存货占用企业的大量资金，所以企业对存货的管理效率对其财务状况的影响极大。为此，加强对存货的规划与控制，使存货规模保持在合理的水平，就成为企业财务管理的一项重要工作。

（一）存货的成本

存货的成本主要由以下几部分构成：

1.取得成本

取得成本是指存货取得时发生的成本，主要包括购置成本和订货成本。购置成本，是指存货本身的价值，等于购置数量与单价的乘积。订货成本，是指企业为组织进货而开支的费用，如办公费、差旅费、邮资、电话费、运输费、检验费、入库搬运费等支出。订货成本有一部分与订货次数有关，如差旅费、邮资、电话费等，这些费用与进货次数呈同方向变动，因而称为变动性订货成本；另一部分与订货次数无关，如专设采购机构的基本开支等，这类成本便是固定性订货成本。

2. 储存成本

储存成本是指企业为持有存货而发生的费用，主要包括存货资金占用费（存货资金的机会成本）、仓储费用、保险费、存货毁损变质损失等。与进货费用一样，储存成本按照其与储存数量的关系，可以分为变动性储存成本和固定性储存成本两类。

固定性储存成本与存货储存数量没有直接联系，如仓库折旧费、仓库职工的固定月工资等；而变动性储存成本则随着存货储存数量的增减呈比例变动，如存货资金的应计利息、存货毁损和变质损失、存货的保险费等。企业降低储存成本，主要措施是采用小批量订货方式，增加订货次数，从而减少存货的储存数量。

3. 缺货成本

缺货成本是因存货不足而给企业造成的损失，包括材料供应中断造成的停工损失、成品供应中断导致延误发货的信誉损失和丧失销售机会的损失等。如果生产企业能够以替代材料解决库存材料供应中断的问题，缺货成本便表现为替代材料紧急采购的额外开支。

（二）最佳进货量的确定

1. 经济批量

存货的经济批量又称最佳经济批量，是使一定时期存货的相关总成本最低的进货批量。

2. 企业进行经济批量决策的假设

企业在进行经济批量决策时，常基于以下假设：

①能及时补充存货，即需要存货时可立即取得存货；②能集中到货，即不是陆续入库；③不允许缺货，即无缺货成本，TC 为零；④需求量稳定并

能预测,即 D 为已知常量;⑤存货单价不变,即 U 为已知常量,且不存在数量折扣;⑥企业现金充足,不会因现金短缺而影响进货;⑦所需存货市场供应充足,不会因为买不到需要的存货而影响生产。

3.经济批量模型的扩展

(1)数量折扣情况下经济进货批量的确定

为了鼓励客户购买更多的商品,销售企业通常会给予不同程度的价格优惠,即实行数量折扣或称价格折扣。购买越多,客户获得的价格优惠越大。此时,进货企业确定经济进货批量,除了要考虑订货成本与变动储存成本,还要考虑存货的购置成本,因为此时存货购置成本已经与进货数量有了直接联系,属于决策的相关成本。其计算的基本步骤为:首先按照基本模式确定无数量折扣情况下的经济进货批量及其相关总成本,然后加进不同批量的购置成本差异因素,通过比较确定成本总额的最低进货批量。

(2)缺货情况下经济进货批量的确定

在允许缺货的情况下,企业确定经济进货批量,就不仅要考虑进货费用与储存费用,还必须要考虑可能的缺货成本。此时,存货相关总成本的计算公式为:

存货相关总成本=变动性订货成本+变动性储存成本+缺货成本

(3)保险储备量与再订货点

在很多情况下,企业的存货会受存货需求与耗用以及每次订货的保障程度等不确定因素的影响而发生短缺,因此企业就不能等到存货全部用尽后才去订货,而必须留有一定的保险储备量,并确定合理的订货点。

(三)存货日常管理

①要完善内部控制制度,明确职权,保证效力。首先,内部控制的基础就是要形成权力的相互制约,在存货管理的过程中要保证采购权、验收权和保管权分属于不同的部门,以避免徇私舞弊情况的发生,保证内控的效力。其次,要提高员工的素质和业务能力,定期对员工进行培训。培训的内容包括如何提高采购员的议价能力、验收员对产品质量的判断能力、保管员的物资管理能力等各个方面。最后,还要加强对原材料价格的市场调查,这样不仅能够保证企业采购货物的价格最低,降低企业的成本,还能避免采购员收取回扣,损害企业利益。

② 要根据企业自身的实际需求，采用适合本企业的订货方法。存货过多会提高存储的成本，过少会阻碍生产的正常进行，所以确定最恰当的采购数量便成了采购之前的主要工作。可以采用经济批量法进行计算采购数量，以保证价格和储存成本的总成本最低。依据实际情况计算出来的采购数量，在不出现意外的情况下可以降低总成本。

同时，要改善存货管理的环境。采用先进的管理方法，保证存货验收的及时性，以及时发现购入的存货是否足数，以及是否满足采购的质量要求。保管工作要以合理存放和科学保养为前提，结合存货的特征，采用现代化的技术和方法，为存货保管创造适宜的环境。

③ 依据实际情况采用合理的存货计价方法，以减轻企业的税收支出。

④ 要健全存货的出库制度，保证账实相符。存货领取要有统一的规定，应控制各部门的领用数量，并且各部门要协商好每期领取的数量，以避免一个部门将所有存货领走而其他部门急需却无料的情况出现。存货的进出库都需要进行记录，进库要填进库单，出库要填出库凭证，这样才能保证存货的完整。同时，要做好存货的盘点，对重大物资要每季度或者每半年盘点一次，不仅要清查数量是否与账相符，还要确定物资的质量是否符合生产要求。对于不符合生产要求的存货，可以采取降价销售的方式加以处理，尽可能地降低企业的损失。

第四节　分配与预算管理

一、利润分配概述

（一）利润分配的概念

利润是指企业在一定会计期间的经营成果，反映企业的经营业绩情况。利润分配有广义和狭义之分。广义的利润分配是指对企业收入和利润进行分配的过程；狭义的利润分配则仅指对企业净利润的分配。实际上，利润分配就是以企业实现的净利润为对象，按照国家财务制度规定的分配形式和分配顺序，在国家、企业和投资者之间进行的分配。

（二）利润分配的意义

利润分配作为现代企业财务管理的重要内容之一，对维护企业与各相关利益主体间的财务关系、提升企业价值具有重要意义。

企业通过利润分配，可以形成一部分自行安排的资金，有利于优化企业资本结构及扩大再生产，为企业的生产积累后备力量。

企业通过利润分配，可以处理、协调企业各方面利益相关者的需求。例如，企业在进行利润分配时，不仅要考虑企业所有者、经营者与职工之间的利益关系，也要考虑债权人未偿付本金的保障程度，否则会在一定程度上削弱企业的偿债能力。

利润分配的过程与结果关系到所有者的各项合法权益，关系到企业长期、稳定的发展。因为企业所有者应得的投资收益需要通过企业的利润分配来实现，获得投资收益的数额也取决于企业盈利状况及利润分配政策。

（三）利润分配的原则

1. 依法分配原则

为规范企业的收益分配行为，国家制定和颁布了若干法规，这些法规规定了企业收益分配的基本要求、一般程序和重大比例。企业的收益分配必须依法进行，这是正确处理企业各项财务关系的关键。

2. 兼顾职工利益原则

企业的净利润归投资者所有，这是企业的基本制度。但企业职工不一定是企业的投资者，净利润就不一定归他们所有，企业的利润是由全体职工的劳动创造的，他们除了应获得工资和奖金等劳动报酬，还应该以适当的方式参与净利润的分配。如外商投资企业按规定提取储备基金、企业发展基金、职工奖励及福利基金。

3. 分配与积累并重原则

企业的利润分配要正确处理长远利益和近期利益这两者的关系，坚持分配与积累并重。企业除了要按规定提取法定盈余公积金，还可以适当留存一部分利润作为积累，这部分未分配利润仍归企业所有者所有。这部分积累的净利润不仅可为企业扩充生产筹措资金，提高企业发展能力和抵抗风险的能力，还可供未来年度进行分配，起到以丰补歉、平抑利润分配数额波动、稳定投资报酬率的作用。

4. 投资与收益对等原则

企业利润分配应当体现"谁投资谁受益",收益大小与投资比例相适应,即投资与收益对等原则,这是正确处理企业与投资者利益关系的立足点。投资者因投资行为,以出资额依法享有利润分配权;企业在向投资者分配利润时,要遵守公开、公平、公正的"三公"原则,不搞幕后交易,不帮助大股东侵蚀小股东利益,一视同仁地对待所有投资者。任何人不得以其在企业中的特殊地位谋取私利,这样才能从根本上保护投资者的利益。

(四)利润分配的顺序

根据我国有关法律的规定,一般企业和股份有限公司每期实现的净利润,应按下列顺序进行分配:

1. 弥补以前年度亏损

按照规定,企业当期实现的净利润首先应弥补以前年度亏损(当期实现的净利润对以前年度亏损的弥补过程,实际上就是形成可供投资者分配利润的过程;若可供投资者分配利润为负数,即亏损并未弥补完,因此不能进行后续分配;若可供投资者分配利润为正数,即产生累计盈利,可以进行后续分配)。如果企业发生年度亏损,可以用下一年度的税前利润弥补,下一年度税前利润不足以弥补时,可以在未来五年内连续弥补,五年内未弥补完的亏损,用税后利润加以弥补。其中,税后利润弥补亏损可以用当年实现的净利润,也可以用盈余公积转入。

2. 提取法定盈余公积金

根据《中华人民共和国公司法》的规定,法定盈余公积金的提取比例为当年税后利润或可供投资者分配利润的10%。当年累计提取的法定盈余公积金达到注册资本的50%时,可不再提取。该项资金主要用于弥补亏损、转增资本和派发股利。但企业用盈余公积金转增资本后,所留存的法定公积金不得低于转增前公司注册资本的25%。

3. 提取任意盈余公积金

根据《中华人民共和国公司法》的规定,企业从税后利润中提取法定盈余公积金后,经股东大会决议,还可以从税后利润中提取任意盈余公积金。提取任意盈余公积金的目的主要是控制与均衡股利分配水平,避免各年之间股利水平的大幅度波动。法定公积金和任意公积金是企业的留存收益,是企业从税后利润中提取的积累资本,是企业用于防范和抵御风险、提高经营能力的重要资本来源。

4.向股东(投资者)分配股利(利润)

企业在按照上述程序弥补亏损、提取公积金之后所剩的税后利润,可以根据股利政策向股东(投资者)分配股利(利润)。按照现行制度规定,股份有限公司依法回购后,暂未转让或注销的股份,不得参与利润分配;若企业弥补以前年度亏损和提取公积金后,当年没有可供分配的利润,一般不得向股东分配股利;如果股东大会或董事会违反上述分配程序,在抵补亏损和提取法定盈余公积金之前向股东分派股利的,必须将违反规定发放的股利收回公司。

二、股利政策

股利政策是指在法律允许的范围内,企业是否发放股利、发放多少股利以及何时发放股利的方针及对策。股利政策的本质是公司管理层决定当前盈利的分配比例以及分配的未来时间分布问题,其最终目标是使公司价值最大化。

(一)股利分配理论

股利分配理论是对股利分配利益关系的倾向性认识,其核心问题是股利政策与公司价值的关系问题。具有代表性的股利分配理论主要有以下几种:

1.股利无关论

股利无关论是由美国经济学家莫迪利安尼和财务学家米勒于1961年提出的。股利无关论(也称MM理论)认为,在一定的假设条件的限定下,股利政策不会对公司的价值或股票的价格产生任何影响。一个公司的股票价格完全由公司的投资决策的获利能力和风险组合决定,而与公司的利润分配政策无关。该理论是建立在完全市场理论之上的,假定条件包括以下五个方面:① 市场具有强势效率;② 不存在任何公司或个人所得税;③ 不存在任何等资费用(包括发行费用和各种交易费用);④ 公司的投资决策与股利决策彼此独立(公司的股利政策不影响投资决策);⑤ 股东在股利收入和资本增值之间并无偏好。

2.股利相关论

（1）"在手之鸟"理论

该理论认为，用留存收益再投资给投资者带来的收益具有较大的不确定性，并且投资的风险随着时间的推移会进一步增大。因此，投资者更喜欢现金股利，而不愿意将收益留存在公司内部，而去承担未来的投资风险。

（2）信号传递理论

信号传递理论认为，在信息不对称的情况下，公司可以通过股利政策向市场传递有关公司未来盈利能力的信息，从而影响公司股价。一般来讲，预期未来盈利能力强的公司往往愿意通过相对较高的股利支付水平，把自己同预期盈利能力差的公司区别开来，以吸引更多的投资者。

（3）所得税差异理论

所得税差异理论认为，由于普遍存在的税率的差异及纳税时间的差异，资本利得收入比股利收入更有助于实现收益最大化目标，企业应当采用低股利政策。

（4）代理理论

代理理论认为，股利政策有助于减缓管理者与股东之间的代理冲突，股利政策是协调股东与管理者之间代理关系的一种约束机制。较多地派发现金股利有以下好处：

① 公司管理者将公司的盈利以股利的形式支付给投资者，这样一来，管理者可以支配的"自由现金流量"就相应减少了，这在一定程度上可以抑制公司管理者过度地扩大投资或进行特权消费，从而保护外部投资者的利益；② 较多地派发现金股利，减少了内部融资，导致公司进入资本市场寻求外部融资，进而经常接受资本市场的有效监督，这样便可以通过资本市场的监督减少代理成本。

（二）股利政策的内容

企业的股利政策一般包括以下几部分：股利支付形式、股利支付率、具体的股利政策和股利支付程序。

1.股利支付形式

（1）现金股利

现金股利，又称派息或派现，是指股份公司以现金的形式发放给股东的股利。发放现金股利的数额主要取决于公司的股利政策和经营业绩。由于投资者一般都希望得到现金股利,所以现金股利的发放会对股票价格产生直接影响。上市公司发放现金股利主要出于以下三方面的考虑:投资者偏好、减少代理成本、传递公司未来信息。公司采用现金股利形式时,必须要有足够的未指明用途的留存收益(未分配利润)和足够的现金。

(2)财产股利

财产股利是指企业除现金以外的财产支付股利,主要是以公司拥有的其他企业的有价证券,如债券、股票等,作为股利支付给股东。由于这种股利形式不会增加公司的现金流出,所以当公司资产变现能力较弱时,可以采用财产股利进行支付。但这种支付方式不易为广大股东所接受,同时会影响公司的形象。投资者会认为公司财务状况不好,变现能力下降,从而导致股价下跌,所以企业很少采用这种股利支付方式。

(3)负债股利

负债股利是指公司以负债支付的股利,通常以公司的应付票据支付给股东,不得已情况下也有发行公司债券抵付股利的。由于票据和债券大多是带息的,所以发放负债股利会加大公司支付利息的压力,但可以缓解公司资金不足的矛盾。这种支付方式也只是公司的一种权宜之计,大多数股东不喜欢这种股利支付方式。

负债股利和财产股利实际上是现金股利的替代,这两种股利方式目前在我国公司股利支付实务中很少使用,但并非法律所禁止。

(4)股票股利

股票股利,又称送股,是指以额外增发股票形式来发放应分给股东的股利。以股票作为股利,一般都是按在册股东持有股份的一定比例来发放,对不满一股的股利仍采用现金发放。

股票股利最大的优点就是节约现金支出,因而常被现金短缺的企业采用。发放股票股利时,只需在企业账面上减少未分配利润项目金额的同时,增加股本和资本公积等项目金额,并通过中央清算登记系统增加股东持股数量。显然,发放股票股利是一种增资行为,须经股东大会同意,并按法定程序办理增资手续。但发放股票股利与其他增资行为不同的是,它不增加股东财富,企业的财产价值和股东的股权结构也不会改变,改变的只是股东权益内部各项目的金额。

尽管股票股利不直接增加股东财富，也不增加公司价值，但对公司和股东都有特殊意义。对公司的意义在于：① 不需要向股东支付现金，在再投资机会较多的情况下，公司就可以为再投资提供成本较低的资金，从而有利于公司的发展。② 当大比例发放股票股利时，可以降低每股股票价值，这样既有利于促进股票的交易和流通，又有利于吸引更多的投资者成为公司股东，进而使股权更为分散，有效地防止公司被恶意控制。③ 可以传递公司未来发展良好的信息，从而增强投资者的信心，对股价产生一定的稳定作用。

对股东的意义在于：① 当公司发放少量股票股利时，通常股价并不会随之呈比例下降，或不会立即引起股价的波动，这意味着股票价格实际上是相对上升的，股东可因此从中获得实际好处。② 如前所述，股票股利可以传达公司未来利好的消息，而由于股票股利通常被正处于成长期的公司采用，预示未来公司会有较好的盈利及增长，所以在某些情况下，发放股票股利非但不会使股价下降，反而会使股价略有上升。③ 由于股利收入和资本利得税率的差异，股东把股票股利出售，会获得资本利得纳税上的好处。

2. 股利支付率

股利支付率又称股利发放率，是现金股利总额与净利润的比率，其计算公式为：

股利支付率=现金股利总额/净利润

股利支付率是股利政策的核心要素。确定股利支付率，首先要弄清公司在满足未来发展所需的资本支出需求和营运资本需求的前提下，有多少现金可用于发放股利，然后考察公司能获得的投资项目的效益。如果现金充裕，投资项目的效益又很好，就应少发或不发股利；如果现金充裕但投资项目效益较差，则应多发股利。

3. 具体的股利政策

（1）剩余股利政策

剩余股利政策是指公司在面对良好的投资机会时，根据目标资本结构，测算出投资所需的权益资本额，先从盈余中留用这部分权益资本额，然后将剩余的盈余作为股利发放。采用剩余股利政策，一般应遵循下列步骤：

① 设定目标资本结构，在此结构下，公司的加权平均资本成本将达到最低水平；② 确定公司的最佳资本预算，并根据公司的目标资本结构预计资金

需求中需增加的权益资本数额;③最大限度地使用留存收益来满足资金需求中所需的权益资本数额;④留存收益在满足公司权益资本增加后,若还有剩余再用来发放股利。

剩余股利政策实质上是公司的一个筹资决策。剩余股利政策的优点在于,可降低再投资的资金成本,保持最佳资本结构,实现企业价值长期最大化。但剩余股利政策也有缺点:一是若完全遵照执行剩余股利政策,股利发放额就会每年随着投资机会和盈利水平的波动而波动;二是不利于投资者安排收入与支出,也不利于树立公司的良好形象。因此,该政策一般适合公司的初创阶段(经营风险高,有投资需求但融资能力差)或衰退阶段(盈利能力、股利支付能力下降)。

(2)固定或稳定增长的股利政策

固定或稳定增长的股利政策是指公司将每年派发的股利额固定在某一特定水平或是在此基础上维持某一固定比率逐年稳定增长。

采用这种股利政策的好处是:①稳定的股利向市场传递公司正常发展的信息,有利于树立公司的良好形象,增强投资者信心,稳定股票的价格;②稳定的股利额有利于投资者安排股利收入与支出,有利于吸引那些打算进行长期投资并对股利有很高依赖性的股东;③为了将股利维持在稳定的水平,即使推迟某些投资方案或暂时偏离目标资本结构,也可能比降低股利或股利增长率更为有利。

采用这种政策的缺点是:一方面,股利的支付与企业的盈利相脱节;另一方面,在企业无利可分时,若依然实施该政策,就违反了《中华人民共和国公司法》。因此,该政策一般适用于经营比较稳定或正处于成长期的企业,但也很难被长期使用。

(3)固定股利支付率政策

固定股利支付率政策是指公司将每年净收益的某一固定百分比作为股利分派给股东。固定股利支付率越高,公司留存的盈余就越少。采用这种政策的公司把派发股利作为优先考虑的目标,然后才是保留盈余,与剩余股利政策的顺序恰好相反。

采用这种政策的优点是:股利与公司盈余紧密配合,体现了多盈多分、少盈少分、无盈不分的股利分配原则。公司每年按固定的比例从税后利润中支付现金股利,从企业支付能力的角度看,这是一种稳定的股利政策。

采用这种政策的缺点是：① 年度间股利支付额波动较大，股利的波动很容易给投资者带来经营状况不稳定、投资风险较大的不良印象，成为公司的不利因素。② 容易使公司面临较大的财务压力。公司实现的盈利多，并不代表公司有充足的现金派发股利，只能表明公司盈利状况较好而已。③ 合适的固定股利支付率的确定难度大。如果固定股利支付率低，就不能满足投资者对投资收益的要求；而固定股利支付率高，没有足够的现金派发股利时，会给公司带来巨大的财务压力。因此，该政策比较适用于那些净利润和财务状况较稳定的公司。

（4）低正常股利加额外股利政策

低正常股利加额外股利政策是指公司事先设定一个较低的正常股利额，每年除了按正常股利额向股东发放股利，还在企业盈余较多、资金较为充裕的年度向股东发放额外股利。

采用这种政策的优点是：① 赋予公司一定的灵活性，使公司在股利发放时留有余地和具有较大的财务弹性。公司可根据每年的具体情况，选择不同的股利发放水平，以稳定和提高股价，进而实现公司价值的最大化。② 使那些依靠股利度日的股东每年至少可以得到虽然较低但比较稳定的股利收入，从而吸引住这部分股东。

采用这种政策的缺点是：① 年份之间公司盈利的波动使额外股利不断变化，容易给投资者造成收益不稳定的感觉。② 公司在较长时期持续发放额外股利，可能会被股东误认为是"正常股利"，一旦取消，传递出去的信号可能会使股东认为这是公司财务状况恶化的表现，进而导致股价下跌。所以，对那些盈利随着经济周期而波动较大或者盈利与现金流量很不稳定的公司来说，采用此种政策不失为一种最佳选择。

三、股票分割与股票回购

（一）股票分割

1. 股票分割的含义及其影响

股票分割是指将面额较高的股票转换成面额较低的股票的行为。例如，将原来的1股股票转换成2股股票。股票分割不属于某种股利支付方式，但其产生的效果与发放股票股利近似。

股票分割后，发行在外的股数增加，每股面额降低，每股盈余下降，但公司价值不变，股东权益总额、股东权益各项目金额及其相互间的比例也不会改变。

2. 股票分割的意义

（1）降低公司股票价格

由于股票分割是在不增加股东权益的情况下增加流通中的股票数量，分割后每股股票所代表的股东权益的价值降低，所以每股股票的市场价格也将相应降低。当股票的市场价格过高时，股票交易会因每手交易所需的资金量太大而受到影响，特别是许多小户、散户，因资金实力有限而难以入市交易，所以这类股票的流通性降低，股东人数减少。因此，许多公司在其股价过高时，会采用股票分割的方法降低股票的交易价格，提高公司股票的流通性，使公司的股东增多。

（2）传递远期良好信号

一般而言，处于成长期的公司常常进行股票分割。因此，公司进行股票分割往往被视为一种利好消息而影响其股票价格，这样公司股东就能从股份数量和股票价格中获得相对收益。

（3）增加股东的现金股利

股票分割在有些情况下也会增加股东的现金股利。尽管股票分割后，各股东持有的股数增加，但持股比例不变，持有股票的总价值不变。不过，只要股票分割后每股现金股利的下降幅度小于股票分割幅度，股东仍能多获现金股利。

（4）为新股发行做准备

在新股发行之前，利用股票分割降低股价，有利于提高股票的可转让性和促进市场交易活动，由此提高投资者对股票的兴趣，促进新发行股票的销售。

3. 股票分割与股票股利的比较

股票分割不属于股利支付方式，但从实践效果看，股票分割与股票股利产生的效果非常接近，但两者还是有差异的。

① 从股票分割和股票股利对公司的影响来看，共同之处在于公司股东权益总额均不变。不同之处在于，股票股利使股本总数扩大，公司留存收益减少，

每股面值不变；而股票分割则不影响公司的股本总额和留存收益，仅使每股面额变小。

② 从两者对市场的影响来看，共同之处在于都对投资者传递了较为积极的信息。不同之处在于，股票分割必能促使股票市价下降，而股票股利则不一定。一般来说，股票股利的数额较大，才可能使股票市价大幅下降。因此，只有在公司股价急剧上涨且预期难以下降时，才采用股票分割的方法降低股价。而在公司股价上涨幅度不大时，通常采用发放股票股利的方法将股价维持在理想的范围之内。

（二）股票回购

1. 股票回购的含义

股票回购是指上市公司在二级市场通过现金方式购回本公司发行在外的普通股的行为。公司不得随意收购本公司的股份，按《中华人民共和国公司法》规定，只有在以下四种情形下，才能实施回购行为：一是减少公司注册资本；二是与持有本公司股份的其他公司合并；三是将股份奖励给本公司职工；四是股东对股东大会做出的公司合并、分立决议持异议，要求公司收购其股份。

2. 股票回购的动机

（1）现金股利的替代

现金股利政策会对公司产生未来的派现压力，而股票回购不会。当公司有富余资金时，可以通过回购股东所持股票将现金分配给股东，这样股东就可以根据自己的需要选择继续持有股票或出售获得现金。

（2）改善公司的资本结构

股票回购是改善公司资本结构的一个较好途径。回购一部分股份后，负债在公司总资产中的比重就会上升，而所有者权益的比重则会下降。

（3）传递公司信息

过低的股价，无疑会对公司经营造成严重影响。股价过低，会使人们对公司的信心下降，使消费者对公司产品产生怀疑，削弱公司出售产品、开拓市场的能力。在这种情况下，公司回购本公司股票以支撑公司股价，有利于改善公司形象。股价在上升过程中，投资者又重新关注公司的运营情况，消费者对公司产品的信任增加，公司也有了进一步配股融资的可能。因此，股价过低时回购股票，是维护公司形象的有力途径。

（4）基于控制权考虑

公司回购股票，使市场上流通股的比重降低，加大了收购人在二级市场上的收购难度，使其难以收购到足够股份，以取得目标公司的控制权；同时，公司通过股票回购，适当地提高资产负债率，能够更充分、更有效地发挥财务杠杆效应，从而提升公司股价，提高收购人的收购成本。

3. 股票回购的影响

股票回购对公司的影响主要表现在以下几方面：

① 股票回购需要大量资金，容易造成资金紧张，降低资产流动性，影响公司的后续发展。② 股票回购无异于股东退股和公司资本的减少，也可能会使公司的发起人股东更注重创业利润的实现，这不仅在一定程度上削弱了对债权人利益的保护，还忽视了公司的长远发展，损害了公司的根本利益。③ 股票回购容易导致公司操纵股价。公司回购自己的股票容易导致其利用内幕消息进行炒作，加剧公司行为的非规范化，损害投资者的利益。

四、预算管理的主要内容

（一）预算的特征与作用

1. 预算的特征

预算是指企业在预测、决策的基础上，以数量和金额的形式反映企业在未来一定时期内经营投资、财务等活动的具体计划，是为实现企业目标而对各种资源和企业活动做出的详细安排。通常，预算具有以下一些特征：首先，预算与企业的战略或目标保持一致，因为预算是为实现企业目标而对各种资源和企业活动做的详细安排；其次，预算是数量化的并具有可执行性，因为预算作为一种数量化的详细计划，它是对未来活动的细致、周密安排，是未来经营活动的依据。因此，数量化和可执行性是预算最主要的特征。

2. 预算的作用

预算的作用主要表现在以下三个方面：① 预算通过引导和控制经济活动，使企业经营达到预期目标；② 预算可以实现企业内部各个部门之间的协调；③ 预算可以作为业绩考核的标准。

（二）预算的分类

根据预算内容的不同，预算分为业务预算、专门决策预算和财务预算；从预算指标覆盖的时间长短划分，预算分为短期预算和长期预算。

注意：① 一般情况下，企业的业务预算和财务预算多为一年期的短期预算，年内再按季或月细分，而且预算期间往往与会计期间保持一致。② 专门决策预算属于长期预算。③ 财务预算也称总预算，其他预算称为辅助预算或分预算。

（三）预算体系

各种预算是一个有机联系的整体。一般将由业务预算、专门决策预算和财务预算组成的预算体系，称为全面预算体系。

财务预算（总预算）由现金预算和预计财务报表组成，而预计财务报表由预计利润表和预计资产负债表组成。

（四）预算工作的组织

董事会或类似机构（决策层）对企业预算管理负总责。根据情况设立预算委员会或指定财务管理部门负责预算管理事宜，并对企业法定代表人负责。

预算委员会或财务管理部门（管理层和考核层）负责拟定预算的目标、政策，制定预算管理的具体措施和办法，审议、平衡预算方案，组织下达预算，协调解决预算编制和执行中的问题，组织审计、考核预算的执行情况，督促企业完成预算目标。

财务管理部门（管理层和考核层）具体负责企业预算的跟踪管理，监督预算的执行情况，分析预算与实际执行的差异及原因，提出改进管理的意见与建议。

企业内部职能部门（管理层和考核层）具体负责本部门业务涉及的预算编制、执行、分析等工作，并配合预算委员会或财务管理部门做好企业总预算的综合平衡、协调、分析、控制与考核等工作。其主要负责人参与企业预算委员会的工作，并对本部门预算执行结果承担责任。

企业所属基层单位（执行层）负责本单位现金流量、经营成果和各项成本费用预算的编制、控制、分析工作，接受企业的检查、考核。其主要负责人对本单位财务预算的执行结果承担责任。

五、预算的编制方法与程序

（一）预算的编制方法

1. 增量预算法与零基预算法

按其出发点的特征不同，编制预算的方法可分为增量预算法和零基预算法。

（1）增量预算法

增量预算法是指以基期成本费用水平为基础，结合预算期业务量水平及有关降低成本的措施，通过调整有关费用项目而编制预算的方法。该种方法在编制过程中要遵循以下一些假设：

①企业现有业务活动是合理的，不需要进行调整；②企业现有各项业务的开支水平是合理的，在预算期内予以保持；③以现有业务活动和各项活动的开支水平确定预算期各项活动的预算数。

增量预算法的不足可能会导致无效费用开支项目无法得到有效控制，因为不加分析地保留或接受原有的成本费用项目，可能会使原来不合理的费用继续开支得不到控制，形成不必要开支合理化，造成预算上的浪费。

（2）零基预算法

零基预算全称为"以零为基础编制计划和预算的方法"，是指在编制费用预算时，不考虑以往会计期间发生的费用项目或费用数额，而是一切以零为出发点，从实际需要出发，逐项审议预算期内各项费用的内容及开支标准是否合理，在综合平衡的基础上编制费用预算的一种方法。

①企业内部各级部门的员工，根据企业的生产经营目标，详细讨论计划期内应该发生的费用项目，并为每一费用项目编写一套方案，提出费用开支的目的以及需要开支的费用数额。②划分不可避免费用项目和可避免费用项目。对于不可避免费用项目，必须保证资金供应；对于可避免费用项目，则需要逐项进行成本与效益分析。

注意：①不可避免费用，是指通过管理当局的决策行动不能改变其数额的费用，如管理人员的工资、固定资产的租金等。②可避免费用，是指通过管理当局的决策行动可以改变其数额的成本，如广告费、职工培训费等。该类费用的开支对企业的业务经营有好处，但其支出数额的多少并非绝对不可改变。

零基预算的优点表现在：①不受现有费用项目的限制；②不受现行预算的束缚；③能够调动各方面节约费用的积极性；④有利于促使各基层单位精打细算，合理使用资金。其缺点主要是编制工作量大。

2. 固定预算法与弹性预算法

按其业务量基础的数量特征不同，编制预算的方法可分为固定预算法和弹性预算法。

（1）固定预算法

固定预算法又称静态预算法，是指在编制预算时，只以预算期内正常、可实现的某固定的业务量（如生产量、销售量等）水平作为唯一基础来编制预算的方法。其缺点主要是适应性差、可比性差。

（2）弹性预算法

弹性预算法又称动态预算法，是在成本形态分析的基础上，依据业务量、成本和利润之间的联动关系，按照预算期内可能的一系列业务量（如生产量、销售量、工时等）水平编制系列预算的方法。理论上，弹性预算法适用于编制全面预算中所有与业务量有关的预算，但实务中主要用于编制成本费用预算和利润预算，尤其是成本费用预算。

注意：①选择业务量的计量单位。以手工操作为主的车间，应选用人工工时；制造单一产品或零件的部门，可以选用实物数量；修理部门可以选用直接修理工时等。②确定适用的业务量范围。一般来说，可定在正常生产能力的70%～110%，或以历史上最高业务量和最低业务量为其上下限。

3. 定期预算法与滚动预算法

按其预算期的时间特征不同，编制预算的方法可分为定期预算法和滚动预算法。

（1）定期预算法

定期预算法是指在编制预算时，以不变的会计期间（如日历年度）作为预算期的一种编制预算的方法。这种方法能够使预算期间与会计期间相对应，便于将实际数与预算数进行对比，也有利于对预算执行情况进行分析和评价。但是该法固定以一年为预算期，在执行一段时期之后，往往使管理人员只考虑剩下来的几个月的业务量，缺乏长远打算，导致一些短期行为出现。

（2）滚动预算法

滚动预算法又称连续预算法或永续预算法，是指在编制预算时，将预算期与会计期间脱离开，随着预算的执行不断地补充预算，逐期向后滚动，使预算期始终保持一个固定期间（一般为12个月）的一种预算方法。按照滚动的时间单位不同，滚动预算法可分为逐月滚动、逐季滚动和混合滚动。

① 逐月滚动。逐月滚动是以月份为预算编制和滚动单位，每个月调整一次预算的方法。按照逐月滚动方式编制的预算比较精确，但工作量较大。例如，在2016年1月至12月的预算执行过程中，需要在1月末根据当月预算的执行情况修订2月至12月的预算，同时补充2017年1月份的预算。

② 逐季滚动。逐季滚动是以季度为预算编制和滚动单位，每个季度调整一次预算的方法。逐季滚动编制的预算比逐月滚动的工作量小，但精确度较差。

③ 混合滚动。混合滚动是指在预算编制过程中，同时以月份和季度作为预算编制和滚动单位的方法。这种预算方法的理论依据是：人们对未来的了解程度具有对近期把握较大、对远期的预计把握较小的特征。

（二）预算的编制程序

企业编制预算一般应按照"上下结合、分级编制、逐级汇总"的程序进行，通常包括以下一些环节：

1. 下达目标

企业董事会或经理办公会根据企业发展战略和预算期经济形势的初步预测，在决策的基础上，提出下一年度企业预算目标，包括销售或营业目标、成本费用目标、利润目标和现金流量目标等，并确定预算编制的政策，由预算委员会下达各预算执行单位。

2. 编制上报

各预算执行单位按照企业预算委员会下达的预算目标和政策，结合自身特点以及预测的执行条件，提出本单位详细的预算方案，上报企业财务管理部门。

3. 审查平衡

企业财务管理部门对各预算执行单位上报的财务预算方案进行审查、汇总，提出综合平衡的建议。在审查、平衡过程中，预算委员会应当进行充分协调，对发现的问题提出初步调整意见，并反馈给有关预算执行单位予以修正。

4. 审议批准

企业财务管理部门在有关预算执行单位修正、调整的基础上，编制企业预算方案，报财务预算委员会讨论。对于不符合企业发展战略或预算目标的事项，企业预算委员会应当责成有关预算执行单位进一步修订、调整。在讨论、调整的基础上，企业财务管理部门正式编制企业年度预算方案，提交董事会或经理办公会审议批准。

5. 下达执行

企业财务管理部门将董事会或经理办公室审议批准的年度总预算分解成一系列的指标体系，一般在次年3月底以前完成，由预算委员会逐级下达各预算执行单位执行。

六、预算编制与执行

（一）业务预算的编制

1. 销售预算

销售预算的主要内容是销量、单价和销售收入。销量是根据市场预测或销售合同并结合企业生产能力确定的。单价是通过价格决策确定的。销售收入是两者的乘积，在销售预算中计算得出。销售预算中通常还包括预计现金收入的计算，其目的是为编制现金预算提供必要的资料。

2. 生产预算

生产预算是在销售预算的基础上编制的，其主要内容有销售量、生产量、期初和期末存货量。该预算只有实物量指标，没有价值量指标，无法直接为现金预算提供资料。

预计生产量=预计销售量+预计期末存货－预计期初存货

其中：①预计销售量来自销售预算；②预计期末存货按下期销售量的一定比例计算；③预计期初存货来自上期期末存货。

3. 直接材料预算

直接材料预算是规划预算期直接材料采购金额的一种业务预算。直接材料预算以生产预算为基础进行编制，同时考虑原材料存货水平。

$$预计材料采购量=预计生产需用量+期末存量-期初存量$$

4. 直接人工预算

直接人工预算是一种既反映预算期内人工工时消耗水平，又规划人工成本开支的业务预算。直接人工预算也是以生产预算为基础进行编制的。

$$人工总成本=人工总工时\times每小时人工成本$$

其中：

$$人工总工时=预计生产量（来自生产预算）\times 单位产品工时$$

5. 制造费用预算

制造费用预算分为变动制造费用和固定制造费用两部分。变动制造费用以生产预算为基础来编制；固定制造费用需要逐项进行预计，通常与本期产量无关，按每季实际需要的支付额预计，然后求出全年数。为了便于以后编制现金预算，制造费用预算还需预计现金支出。在制造费用中，除了折旧都需要支付现金。所以，将每个季度的制造费用数额扣除折旧费后，便可得到"现金支出的费用"。

6. 产品成本预算

产品成本预算，是销售预算、生产预算、直接材料预算、直接人工预算、制造费用预算的汇总。其主要内容是产品的单位成本和总成本。

7. 销售及管理费用预算

销售费用预算是指为了实现销售预算而支付的费用预算。它以销售预算为基础。管理费用多属于固定成本，所以管理费用预算一般是以过去的实际开支为基础，按预算期可预见的变化来调整。

（二）专门决策预算的编制

专门决策预算主要是长期投资预算（又称资本支出预算），通常是指与项目投资决策相关的专门预算，它往往涉及长期建设项目的资金投放与筹集，并经常跨越多个年度。编制专门决策预算的依据是项目财务可行性分析资料以及企业筹资决策资料。专门决策预算的要点是准确反映项目资金投资支出与筹资计划，它同时也是编制现金预算和预计资产负债表的依据。

（三）财务预算的编制

1. 现金预算

现金预算是以业务预算和专门决策预算为依据进行编制的，专门反映预算期内预计现金收入与现金支出，以及为满足理想现金余额而进行筹措或归还借款等的预算。现金预算由可供使用现金、现金支出、现金余缺、现金筹措与运用四部分构成。其中

$$可供使用现金=期初现金余额+现金收入$$

$$现金余缺=可供使用现金-现金支出$$

$$期末现金余额=现金余缺+现金筹措-现金运用$$

注意：借款与还本付息的相关现金流量体现在现金筹措与运用之中，不在现金收入与现金支出中反映。

2. 预计利润表

预计利润表用来综合反映企业在计划期的预计经营成果，是企业最主要的财务预算表之一。编制预计利润表的依据是各业务预算、专门决策预算和现金预算。

注意："所得税费用"项目是在利润规划时估计的，并已列入现金预算。它通常不是根据"利润总额"和所得税税率计算出来的，因为有诸多纳税调整的事项存在。

3. 预计资产负债表

预计资产负债表用来反映企业在计划期末预计的财务状况。预计资产负债表以计划期开始日的资产负债表为基础，结合计划期间各项业务预算、专门决策预算、现金预算和预计利润表进行编制。它是编制全面预算的终点。

总结：① 在生产领域的相关预算中，综合性最强的是产品成本预算（以生产预算、直接材料预算、直接人工预算和制造费用预算为基础）；② 相对于业务预算、专门决策预算而言，财务预算综合性最强；③ 在财务预算中，综合性最强的是预计资产负债表。进一步来讲，在全面预算体系中，预计资产负债表的综合性也是最强的。

(四)预算执行与调整

企业预算一经批复下达,各预算执行单位就必须认真组织实施,将预算指标层层分解,从横向到纵向,落实到内部各部门、各单位、各环节和各岗位,形成全方位的预算执行责任体系。企业正式下达的预算,一般不予调整。

当预算执行单位在执行中由于市场环境、经营条件、政策法规等发生重大变化,致使预算的编制基础不成立,或者会导致预算执行结果产生重大偏差时,可以调整预算。调整时,由预算执行单位逐级向企业预算管理委员会提出书面报告。财务管理部门应当对预算执行单位的预算调整报告进行审核分析,集中编制企业年度预算调整方案,提交预算委员会,企业董事会或经理办公会议批准后,下达执行。

预算调整时应注意以下一些问题:① 预算调整事项不能偏离企业发展战略;② 预算调整方案应当在经济上实现最优化;③ 预算调整重点应当放在财务预算执行中出现的重要的、非正常的、不符合常规的关键性差异方面。

企业还应建立预算分析制度,由预算委员会定期召开预算执行分析会议,全面掌握预算的执行情况,研究、落实解决预算执行过程中存在问题的政策、措施,纠正预算的执行偏差。

第五节 财务控制与财务分析

一、财务控制概述

(一)财务控制的概念及特征

财务控制,是指财务控制主体以法律、法规、制度和财务预算目标等为依据,通过财务手段衡量和矫正企业的经营管理活动,使之按照既定的计划进行,确保与企业财务有关的战略得以实现的过程。它是财务管理的重要环节,并与财务预测、财务决策、财务分析一起构成财务管理系统,是财务管理系统的重要组成部分。财务控制通常具有以下一些特征:

1. **以价值形式为控制手段**

财务控制以实现财务预算为目标,而财务预算包括的现金预算、预计利润表和预计资产负债表都是以价值形式予以反映的(即能够用货币来计量),所以财务控制必须借助价值手段进行。

2. **以不同岗位、部门和层次的不同经济业务为综合控制对象**

财务控制不是单一针对某个岗位或部门的活动,而是散布在企业经营中的一系列活动,并与企业经营过程结合起来,以价值为手段,将不同岗位、部门和层次的经济活动综合起来进行控制。

3. **以控制日常现金流量为主要内容**

由于日常的财务活动过程表现为组织现金流量的过程,因此控制现金流量成为日常财务控制的主要内容。在财务控制过程中,要以现金预算为依据,通过编制现金流量表来考核现金流量的运行状况。

(二)财务控制的分类

1. **按控制时间分**

事前财务控制是指财务收支活动尚未发生时进行的财务控制。事中财务控制是指财务收支活动发生过程中进行的财务控制。事后财务控制是指对财务收支活动进行的考核及相应的奖惩。

2. **按控制主体分**

所有者财务控制是指资本所有者对经营者财务收支活动进行的控制,其目的是为实现资本保值、增值。

经营者财务控制是指企业管理者对企业的财务收支活动进行的控制,其目的是实现财务预算目标,更好地控制企业的日常生产和经营。

财务部门财务控制是指对企业日常财务活动进行的控制,其目的是保证企业现金的供给。

3. **按控制对象分**

收支控制是指对企业和各责任中心的财务收入活动和财务支出活动进行的控制。收支控制能使企业收入达到既定目标,并尽量减少成本开支,以实现企业利润最大化。现金控制是指对企业和各责任中心的现金流入和现金流出活动进行的控制,其目的是控制现金流入、流出的基本平衡,既要防止因现金短缺而可能出现的支付危机,也要防止因现金沉淀而可能出现的机会成本增加。

4. 按控制手段分

绝对控制是指对企业和责任中心的指标采用绝对额进行控制;通常,对激励性指标采用最低限额的绝对指标实行控制,对约束性指标采用最高限额的绝对指标实行控制。

相对控制是指采用相对比率对企业和责任中心的财务指标进行控制。通常,相对控制具有反映投入与产出对比、开源与节流并重的特征。

(三)财务控制的方法

财务控制是内部控制的一个重要环节,财务控制要以消除隐患、防范风险、规范经营、提高效率为宗旨,建立全方位的财务控制体系,实施多元的财务监控措施。常用的财务控制方法主要有以下几种:

1. 财务目标控制法

财务目标控制法是指通过确定目标、分解目标,并以具体目标为依据,对公司的财务收支活动进行约束、监督和调节的一种控制方法。

该方法的实施步骤如下:

① 根据财务控制的对象与要求,制定控制目标。对财务活动具体数据的控制,一般采用计划、定额等作为控制目标;对财务收支标准的控制,可采用规定的标准作为控制目标,如管理费用可按财务制度规定的费用开支标准进行控制;对允许有一定幅度变动的财务收支,应采用制定最低目标与最高目标的方法进行控制,如存货,可规定其最高占用额和最低占用额。

② 根据财务指标的组成因素和责任单位,应分解目标,落实承包单位。例如,存货由材料、在产品和产成品组成,其对应的责任单位是供应、生产和销售部门。因此,要将存货资金占用量目标分解为材料、在产品和产成品三个部分,并按供应、生产、销售三个阶段的主要负责部门落实承包单位。

2. 责任预算控制法

责任预算控制法是指把公司财务预算所确定的目标分解、落实到各责任中心,编制责任预算,并以此为依据对公司的财务收支活动进行约束、监督和调节的一种控制方法。

这一方法的实施步骤如下：

① 划分责任中心，规定权责范围。所谓责任中心，是指具有一定的管理权限，并承担相应经济责任的企业内部责任单位。采用责任预算控制法时，公司要根据内部管理的实际需要，把其所属的各部门、各单位划分为若干个分工明确、责权范围清晰的责任中心，并规定这些中心的负责人（包括经理、部长、厂长、主任、段长、组长甚至个人），对他们分工负责的成本、收入、贡献毛益、税前利润、投资效益等主要经济指标承担责任，同时赋予他们相应的经营管理决策权。

② 编制责任预算，规定各责任中心的业绩考核标准。编制责任预算是指把公司预算所确定的生产经营总目标，按责任中心进行层层分解、落实，并为每个责任中心编制具体的责任预算。责任预算由各级责任单位分别编制，由下至上逐级进行。责任预算既是公司今后控制各责任中心经济活动的依据，又是评价各责任中心工作业绩的标准。

③ 组织责任核算，编制业绩报告责任中心及其责任预算确定以后，要相应地按责任中心构建一个计算和积累有关责任预算执行情况的信息系统，并定期编制业绩报告，以对各个责任中心的工作成果进行全面的分析、评价。

3. 财务定额控制法

财务定额控制法是指通过确定定额，并以定额为依据，对公司某些财务收支活动进行约束、监督和调节的一种控制方法。这种方法是财务控制中应用最广泛的方法之一。其定额有资金定额、费用定额、物资消耗定额等。由于定额本身就是控制的标准，具有一定的强制性，因而公司在制定有关定额时一定要科学、合理，对不适应的定额要及时修订。

4. 财务制度控制法

财务制度控制法是指通过制定财务制度，从合法性和合理性上对公司某些财务收支活动进行约束、监督和调节的一种控制方法。财务制度按内容进行分类，可分为资本金、成本、收入、利润等方面的制度；按应用范围进行分类，可分为国家、部门、行业财务制度和公司内部财务制度。由于制度带有强制性，公司内部各部门必须遵照执行，因此为了避免执行不适当的制度而给公司带来消极影响的可能性，除了国家法令、条例等法规性制度，公司在制定内部财务制度时，应注意制度本身的科学性和合理性。

（四）财务控制的基础

财务控制的基础是指进行财务控制必须具备的基本条件，主要包括以下几个方面：

1. 形成组织体系保证

财务控制的首要基础是要确立控制主体，即建立财务控制的组织体系，以保证控制的有效性。企业可以根据具体情况和内部管理的实际需要，建立相应的组织机构。例如，为了确定财务预算，应建立决策和预算编制机构；为了将财务预算分解、落实到各部门、各层次、各岗位，应建立各种责任中心；为了便于内部结算，应建立相应的内部结算组织（内部银行）；为了考评预算的执行结果，应建立相应的考评机构。这些机构可根据规模的大小、任务量的多少、职能的属性进行合理合并，从而实现最有效的控制。

2. 建立和健全制度基础

财务控制需要一系列的制度予以保证。企业应建立健全各种内部控制制度。内部控制制度是指企业为了顺利实施控制过程而进行的组织机构的设计、控制手段和各种措施的制定和实施，如企业采用的内部结算制度、内部经济仲裁制度、业绩报告制度、人事制度和考核奖惩制度等。这些方法和制度可以提高控制效率，促使财务控制高效、有序地进行。

3. 明确各级目标

财务控制必须以健全的财务目标为依据，明确应该实现的各级目标。总体来讲，这些目标可以通过财务目标、财务预算、财务制度来体现。例如，财务预算能够满足企业经营目标的要求，同时又能使决策目标具体化、系统化、定量化。量化的财务预算目标可以成为日常控制和业绩考核的依据。财务预算目标的制定应客观、务实，并层层分解落实到各责任中心，使之成为控制各责任中心经济活动的标准。如果财务预算确定的目标严重偏离实际，财务控制就无法达到预定的目的。

4. 建立责任会计核算体系

企业的财务预算通过责任中心形成责任预算，而责任预算和总预算的执行情况都必须由会计核算来提供。责任会计核算能够及时提供相关信息，以正确地考核与评价责任中心的工作业绩。通过责任会计汇总核算，企业能够了解财务预算的执行情况，分析存在的问题及原因，为提高企业的财务控制水平和进行正确的财务决策提供依据。

5. 建立反应灵敏的信息反馈系统

信息的准确和及时是实施财务控制的基本保障。财务控制是一个动态的控制过程，要确保财务预算的贯彻落实，就必须对预算的执行情况进行跟踪监控，及时发现问题，及时调整执行偏差。为此，必须建立一个反应灵敏的信息反馈系统。

6. 制定奖罚制度并严格执行

奖罚制度，是保证企业财务控制长期有效运行的重要因素。一般而言，人的工作努力程度往往受到业绩评价和奖励办法的影响。制定恰当的奖罚制度，明确业绩与奖罚之间的关系，可以有效地引导人们约束自己的行为。此外，奖罚制度的制定还要体现财务预算目标的要求，要体现公平、合理和有效的原则，要体现过程考核与结果考核的结合，真正发挥奖罚制度在企业财务控制中应有的作用。

二、责任中心

（一）责任中心概述

责任中心是指具有一定的管理权限，并承担相应经济责任的企业内部责任单位，是一个责、权、利结合的实体。建立责任中心、编制和执行责任预算、考核和监控责任预算的执行情况是企业实行财务控制的一种有效手段。从责任中心的概念来看，责任中心主要具有以下一些特征：

1. 它是一个责、权、利相结合的实体

每个责任中心都必须对一定的财务指标承担完全责任，同时还被赋予与该责任范围对应、大小相等的相关权利，并制定相应的业绩考核标准和利益分配标准。

2. 具有承担经济责任的条件

责任中心具有履行经济责任的行为能力，也具有承担经济责任后果的相应能力。

3. 责任和权力皆可控

责任和权力皆可控即每个责任中心只能对其责权范围内的可控成本、收入、利润和投资负责，企业的预算和业绩考核中也应包括他们能控制的项目。

4. 具有相对独立的经营活动和财务收支活动

这表明责任中心是确定经济责任的客观对象。

5. 便于进行责任会计核算

责任中心不仅要划清责任，还要便于进行责任会计核算。划分责任是前提，单独核算是保证。只有满足了这两个条件，企业内部单位才有成为责任中心的可能性。

总之，凡是可以划清管理范围、明确经济责任、能够单独进行业绩考核的内部单位，无论大小皆可成为责任中心。责任中心按其责任权限范围及业务活动的特点不同，可划分为成本中心、利润中心和投资中心三类。

（二）成本中心

1. 成本中心的含义

成本中心或称费用中心，是指其责任者只对成本或费用负责的责任中心，它不会形成可以用货币计量的收入，因而不对收入、利润或投资负责。成本中心一般包括企业负责产品生产的生产部门、劳务提供部门或给予一定费用指标的企业管理科室等。

一般来说，成本中心设置的范围最广。企业内部只要有成本费用发生的地方，需要对成本负责并能对成本实施控制的责任单位，都可以建立成本中心。在工业企业，上至工厂一级，下至车间、工段、班组，甚至个人都有可能成为成本中心。成本中心的规模不一，可以根据管理需要进行调控，各个较小的成本中心可以按其内在联系组成一个较大的成本中心，多个较大的成本中心可以根据不同层次或不同规模组成一个更大的成本中心，从而在企业形成逐级控制、层层负责的成本中心体系。规模不一和层次不同的成本中心，其控制和考核的内容也不尽相同。

2. 成本中心的特点

（1）只考评成本费用而不考评收益

一般而言，成本中心没有经营权和销售权，其工作成果不会形成可以用货币计量的收入。

（2）只对可控成本承担责任

可控成本是指成本中心能够事先知道发生、能够计量的成本；成本中心可以通过自身的行为进行调节，并能将控制责任分解、落实，进行考核评价。

（3）只对责任成本进行考核控制

责任中心当期发生的各项可控成本之和，就是该中心的责任成本。对成本中心的工作业绩进行控制和考核，主要是通过责任中心发生的责任成本与其责任成本预算进行比较实现的。

注意：① 成本的可控性总是与特定的责任中心相关，同时与责任中心所处的管理层级、管理权限及控制范围都有直接的关系。如原材料的成本，对采购部门而言是可控的，而对生产车间而言，则是不可控的。② 成本的可控性要考虑成本发生的时间范围。一般来讲，许多成本在消耗或支付的当期是可控的，一旦开始消耗或已经支付，就不再可控。如折旧费、租赁费等，在购置设备或签订租约时是可控的，而使用设备或执行租约时，就不可控了。

3. 成本中心的类型

按其成本费用发生额与业务量的关系，成本中心可分为技术性成本中心和酌量性成本中心。技术性成本中心是指成本费用的发生额与业务量之间存在一定数量的依存关系，即通过技术分析可以相对可靠地估算其成本费用，如产品生产过程中发生的直接材料、直接人工、间接制造费用等。技术性成本的投入量与产出量之间有着密切联系，可以通过弹性预算予以控制。

酌量性成本中心是指成本费用的发生额与业务量之间不存在明确的或不具有一定的数量依存关系，即该成本中心成本费用是否发生以及发生数额的多少是由管理人员的决策决定的，主要包括各种管理费用和某些间接成本项目，如研究开发费用、广告宣传费用、职工培训费等。酌量性成本的投入量与产出量之间没有直接关系，其控制应着重于预算总额的审批。

4. 成本中心的考核指标

成本中心的考核指标主要采用相对指标和比较指标，包括成本节约额和成本节约率，其计算公式如下：

预算成本节约额=实际产量预算责任成本－实际责任成本

预算成本节约率=预算成本节约额/实际产量预算责任成本

（三）利润中心

1. 利润中心的含义

利润中心是指对利润负责的责任中心。由于利润等于收入减去成本和费用，所以利润中心不仅要对成本、费用负责，还要对收入、利润承担责任。这类责任中心往往处于企业中较高的层次，如分公司、分厂、分店等具有独立的收入来源或有独立经营权的部门。

2. 利润中心的类型

按其销售产品的范围，利润中心分为自然利润中心和人为利润中心。

（1）自然利润中心

自然利润中心是指直接对外销售产品或提供劳务而取得实际收入、给企业带来利润的利润中心。这类利润中心一般是企业内部的独立单位，具有材料采购权、生产决策权、价格制定权、产品销售权，有很大的独立性，如分公司、分厂等。它可以直接与外部市场发生业务上的联系，销售其最终产品和半成品或提供劳务，既有收入，又有成本，可以计算利润，将其完成的利润和责任预算中的预计利润进行对比，评价和考核其工作业绩。

（2）人为利润中心

人为利润中心是指只为企业内部责任单位提供产品或劳务而取得内部销售收入、实现内部利润的责任中心。这类利润中心的产品主要在本企业内转移，一般不与外部市场发生业务上的联系，它们只有少量对外销售，或者全部对外销售均由企业专设的销售机构完成全部对外销售，如各生产车间、运输队等。由于人为的利润中心为成本中心提供产品或劳务规定了一个适当的内部转移价格，使这些成本中心可以"取得"收入，进而评价其收益，因此大多数成本中心总能转化为人为的利润中心。

3. 利润中心的考核指标

通常情况下，利润中心采用利润作为业绩考核指标，分为边际贡献、可控边际贡献和部门边际贡献。相关公式为：

边际贡献=销售收入总额-变动成本总额

可控边际贡献=边际贡献-该中心负责人可控固定成本

部门边际贡献=可控边际贡献-该中心负责人不可控固定成本

其中：

① 边际贡献是将收入减去随生产能力的使用而变化的成本，反映该利润中心的盈利能力，但它对业绩评价没有太大的作用。

② 可控边际贡献也称部门经理边际贡献，它衡量部门经理有效运用其控制下的资源的能力，是评价利润中心管理者业绩的理想指标。但是该指标一个很大的局限就是，难以区分可控和不可控的与生产能力相关的成本。如果该中心有权处置固定资产，那么相关的折旧费是可控成本；反之，相关的折旧费就是不可控成本。可控边际贡献忽略了应追溯但又不可控的生产能力成本，不能全面反映该利润中心对整个公司所做的经济贡献。

③ 部门边际贡献，又称部门毛利，它扣除了利润中心管理者不可控的间接成本，因为对公司最高层来说，所有成本都是可控的。部门边际贡献反映了部门为企业利润和弥补与生产能力有关的成本所做的贡献，它更适宜评价部门业绩而不是利润中心管理者的业绩。

（四）投资中心

1. 投资中心的含义

投资中心是指既要对成本、收入和利润负责，又要对投资效果负责的责任中心，它是比利润中心更高层次的责任中心。投资中心是企业中最高层次的经营管理责任单位，是最高层次的责任中心，它拥有最大的决策权，也承担最大的责任。如大型集团所属的子公司、分公司、事业部往往都是投资中心。

2. 投资中心的特点

① 投资中心一般是独立法人。在组织形式上，成本中心不是独立法人，利润中心可以是也可以不是独立法人。

② 投资中心是企业内部最高层次的责任中心，它可以包含需要设立利润中心的生产部门或单位。

③ 投资中心一般直接向企业最高级的总经理或董事会负责。

3. 投资中心的考核指标

除了考核利润指标，投资中心主要考核能集中反映利润与投资额之间关系的指标，包括投资利润率和剩余收益。

（1）投资利润率

投资利润率又称投资收益率，是指投资中心所获得的利润与投资额之间的比率，其计算公式为：

投资利润率=营业利润/平均营业资产

其中：营业利润是指息税前利润。

平均营业资产=（期初营业资产+期末营业资产）/2

投资利润率指标的优点有：①能反映投资中心的综合盈利能力；②该指标是相对数指标，剔除了投资额不同导致的利润差异的不可比因素，具有横向可比性，有利于判断各投资中心经营业绩的优劣；③该指标也可作为选择投资机会的依据，有利于优化资源配置。

投资利润率指标的不足在于缺乏全局观念。当一个投资项目的投资报酬率低于该投资中心的报酬率而又高于整个企业的投资报酬率时，虽然企业希望接受这个项目，但该投资中心可能会拒绝采用；反之，当一个投资项目的投资报酬率高于该投资中心的报酬率而低于整个企业的投资报酬率时，投资中心也可能只考虑自身的利益进行投资，从而损害企业整体利益。因此，投资报酬率并不是一个很好的指标。

（2）剩余收益

为了解决使用投资报酬率等指标衡量部门业绩带来的次优选择问题，许多企业采用绝对数指标，这个指标就是剩余收益。剩余收益是指投资中心的营业收益扣减营业资产按要求的最低报酬率计算的收益额之后的余额。其计算公式为：

剩余收益=营业利润-（平均营业资产×最低投资报酬率）

公式中的最低投资报酬率是根据资本成本确定的，通常可以采用企业整体的最低期望投资报酬率，也可以是企业为该投资中心单独规定的最低投资报酬率。

剩余收益指标的优点在于：①可以全面评价与考核投资中心的业绩，因为减少投资或降低资产占用同样可以达到增加剩余收益的目的；②避免个别投资中心单纯追求投资利润率而放弃一些投资项目，使个别投资中心的利益与整个企业的利益统一起来，避免本位主义。

该指标的缺点在于它是绝对数指标，不便于不同部门之间的比较。规模大的部门容易获得较大的剩余收益,但其投资报酬率并不一定高。因此,企业在采用该指标时,应事先建立与各部门结构相适应的剩余收益预算,然后通过对比预算来评价部门业绩。

(五)内部转移价格

1. 内部转移价格的含义

内部转移价格是指有利益关系的各企业之间、企业集团或公司内部各责任中心之间进行内部结算、内部责任成本结转和内部利益计量时所使用的计价标准。内部转移价格一般由进货价格、流通费用和利润构成。其特点是,只反映企业集团或公司内部各责任中心之间的经济联系,一般不直接与消费者发生联系,不作为各种差价、比价的依据和计算基础。采用内部转移价格进行内部结算,可以在企业内部引进市场机制,营造市场氛围,使企业内部的各个责任中心处于类似的市场交易环境中,促进各责任中心的成本核算和经营管理的不断改善。

2. 内部转移价格的类型

(1)市场定价

市场定价是指内部转移价格直接采用产品或劳务客观企业外部的市场价格。市场价格的优点在于价格比较客观,对买卖双方都比较合理,同时也将竞争机制引入企业内部,促使各责任中心相互竞争、讨价还价,使各责任中心在利益机制的驱动下,改善经营管理,降低成本,扩大利润;市场价格还能适应责任会计的要求。一般而言,市场价格是制定内部转移价格的最好依据。当然,市场价格也存在着一定的局限,主要问题在于有些内部转移的中间产品往往具有一定的独特性,不存在相应的市场价格,从而对市场价格的适用范围构成限制。

(2)成本定价

成本定价是指内部转移价格以产品或劳务的成本为基础而制定的。成本内容的范围不同,按成本制定的内部转移价格也不同,其中用途较为广泛的成本转移价格有三种:

① 标准成本价格,即以企业的产品或劳务标准成本作为各责任中心之间的转移价格。标准成本价格的优点是,可以避免供应方成本时高时低对使用

方的影响，有利于调动供需双方降低成本的积极性，适用于成本中心产品的转移。

②标准成本加成价格，即在标准成本价格的基础上加计一定的合理利润作为各责任中心之间的转移价格。此价格能够分清相关责任中心的责任，充分调动卖方的积极性，并促使双方降低成本。缺点则在于确定利润加成时，往往存在一定的主观性。

③标准变动成本价格，是指以企业的产品或劳务的标准变动成本作为各责任中心之间的转移价格。其优点主要是符合成本习性，能够明确揭示成本与产量的关系，便于对特殊定价决策。不足之处则在于容易忽视固定成本，不能反映劳动生产率变化对固定成本的影响。

上述以成本为基础的内部转移价格采取的成本不是企业的实际成本而是标准成本，主要是为了避免把供应方经营管理中的低效率和浪费转嫁给使用方。这种方法应用简单，以现成的数据为基础，但标准成本的制定会有偏差，不能促进企业控制生产成本，容易忽视竞争性的供需关系。

（3）协商定价

协商定价也称议价，是指企业内部各责任中心通过协商而确定的内部转移价格，它是介于市场定价和成本定价之间的一种定价模式。

协商价格是以外部市场价格为起点，参考独立企业之间或企业与无关联的第三方之间发生类似交易时的价格，协商确定一个双方都愿意接受的价格作为内部转移价格。协商价格在各部门中心独立自主制定价格的基础上，充分考虑了企业的整体利益和供需双方的利益。

这种定价也存在一定的局限性。首先，协商定价可能会耗费大量的人力、物力和时间；其次，转移价格可能会受双方讨价还价能力的影响而有失公允；最后，当双方陷入谈判僵局时，还需要企业高层介入，无法实现企业分权的初衷，同时也不利于发挥激励责任中心的作用。

（4）双重定价

双重定价是指买卖双方分别采用不同的内部转移价格作为计价基础。采用双重价格的理由在于：内部转移价格主要是为了对企业内部各责任中心的经营业绩进行评价与考核，因此买卖双方所采用的计价基础不需要完全一致，可分别采取对本中心最有利的计价依据。

双重价格有两种具体的形式：① 双重市场价格，即当某种产品或劳务在市场上出现几种不同的价格时，卖方可采用最高市场价格，买方可采用最低市场价格；② 双重转移价格，即卖方以市场价格或协议价格为计价基础，买方以卖方的单位变动成本作为定价的依据。

采用双重价格时，可能会造成各责任中心的利润之和高于企业的实际利润，因而需要进行一系列的会计调整，这样才能计算出真实利润。另外，双重价格不利于激励各责任中心控制成本的积极性，因此该方法在实践中并未得到普遍应用。

第六章 财务报表分析

第一节 财务报表分析与作用

一、财务报表分析的定义

所谓财务报表分析,就是以财务报表和其他相关资料为依据和起点,采用一系列专门方法和技术,对企业的基本财务状况和企业的偿债能力、盈利能力和营运能力进行分析,为企业的投资者、债权人和管理当局等会计信息使用者了解过去、分析现状、预测未来,制定正确决策而提供准确的会计信息的一种科学方法。

虽然企业编制的对外报送的财务报表可以从不同的角度反映企业的财务状况、经营成果和现金流量的变动状况,但是它们所显示的都只是过去的历史资料,而且每一张报表只表明某一部分的事实,不能直接揭示各报表项目之间的内在联系,也很难使报表使用者充分了解企业的发展趋势及其在同行业中处于何种地位。所以,只有充分运用财务分析方法和相关技术,将财务报表的各个项目紧密地联系起来,全面、综合地进行分析,才能合理地利用财务报表并达到最佳效果。

二、财务报表分析的作用

财务报表分析的主要作用在于充分揭示企业的现有状况,研究企业未来的发展趋势,为财务报表使用者提供评价、预测和决策等相关有用的信息。具体的作用可以表述如下:

（一）评价企业已经发生的经济业务

财务报表分析，主要是通过对企业财务报表等相关资料的分析，判断企业过去的财务状况和经营成果，即根据相关的法规和企业理财目标，分析企业目前的偿债能力、盈利能力和营运能力是否存在问题，并剖析问题产生的原因，为企业所有者、管理当局、政府部门、投资者和债权人的考评与决策提供一定的参考。

（二）预测企业的未来前景

财务报表分析不仅可以评价过去，还可以分析已经发生的经济业务，预测企业的未来发展状况及趋势。进行财务报表分析，不仅可以评估企业未来的价值及价值创造，还可以为企业未来的财务预测、财务决策指明方向，并为企业进行财务危机预测提供必要信息。

第二节 财务报表分析的程序与基本方法

一、财务报表分析的程序

财务报表分析的程序如下：

（一）确定财务报表分析的目标，制订分析工作计划

会计信息使用者希望依据财务报表分析制订不同的决策，所以在进行报表分析之前，首要任务就是确定分析目标，并制订分析工作计划，以提供公允、恰当的会计信息。

（二）收集财务报表分析所必备的信息数据

确定目标之后，就应着手收集相关的会计信息资料。这些信息资料一般包括对外报送的财务报表主表及附表、财务报表附注、财务情况说明书等，以及来自审计人员的查账报告，资信部门、证券管理委员会、行业主管部门的信息数据。

（三）根据分析目的，运用科学的分析方法，深入比较、研究收集到的资料

在报表分析时，首先应选定适用的财务报表分析方法，对分析资料数据进行深入比较、研究，并用简明的文字加以解释。

（四）分析结论，提出分析报告，为信息使用者提供决策参考

在深入比较、研究的基础上，将分析的结果形成书面报告，向会计报告使用者提供财务信息，以满足其决策的需求。

二、财务报表分析的基本方法

为了使信息使用者掌握会计报告各种数据之间的重要关系，通常采用结构分析法、比较分析法、因素分析法、趋势分析法及比率分析法等方法进行分析。

（一）结构分析法

结构分析法主要以企业资产负债表、利润表、现金流量表等资料为依据，对企业财务状况构成的合理性、利润的构成和现金流量的来源及流向等进行总体的测算与分析，以便从财务的角度发现企业面临的潜在风险。

（二）比较分析法

比较分析法是一贯性和可比性的集中体现。它通常是利用同一企业的不同时期，或同一时期的不同企业的相同性质或类别的指标，进行横向和纵向的对比分析，进而确定差异，分析原因。

比较分析方法的主要形式有：

① 将实际指标与计划指标进行对比，以便分析、检查计划的完成情况。

② 将本期实际指标与上期实际指标对比，其结果可以提示企业有关指标的变动情况。

③ 将本企业实际指标与同行业相应指标的平均水平或先进水平对比，从中可以分析企业的现状，以及其在同行业中的位置，并分析存在的差异及原因，以便采取相应的对策。

（三）因素分析法

因素分析法是指用来揭示经济指标变化的原因，测定各因素对经济指标变动的影响程度的分析方法。它具体可划分为主次因素分析法、因果分析法及连环替代法等。

① 主次因素分析法是将影响经济指标的各因素区分为主要因素、次要因素，然后对主要因素进行深入分析，对其他因素的分析则花费较少时间，以取得事半功倍的效果。

② 因果分析法是将经济指标分解为若干因素，对每个因素再进一步分析，以揭示经济指标变化的原因。

③ 连环替代法是一种因素分析法，它不仅能定性，还能定量地测定影响经济指标的各个因素对该指标变动差异的影响程度。具体步骤是将经济指标分解为两个或两个以上的因素，之后变动各个因素，从数量上测算每一因素变动对经济指标总体的影响。

（四）趋势分析法

趋势分析法是比较一个企业连续数期的财务报表资料的各个项目，以求出金额和百分比增减变动的方向和幅度，从而揭示当期财务状况和经营状况增减变化的性质及其趋势。趋势分析法通常采用图示方法，即做成统计图表，但财务人员通常采用的方法是编制比较财务报表，具体做法有两种：

① 编制绝对数比较财务报表，即将一般财务报表的"金额栏"划分为若干期的金额，以便进行比较，进一步了解和研究。

② 编制相对数比较财务报表，即将财务报表上某一项关键项目的金额当作100%，计算出其他项目对关键项目的百分比，以显示出各个项目的相对地位，然后把连续若干根据相对数编制的财务报表合并为比较财务报表，以反映各个项目结构上的变化。

（五）比率分析法

比率分析法研究是指分析财务报表内两个或两个以上项目之间关系的方法，它用相对数来表示，因而又称为财务比率。该比率指标可以揭示企业财务状况及经营成果。财务比率的种类较多，概括起来主要有：反映偿债能力的比率、反映营运能力的比率和反映获利能力的比率。

第三节 利用财务比率进行各种能力分析

如前所述，进行财务报表的一般性分析只是一种逻辑上的推测，如果要全面、系统地评估企业的财务状况和经营成果，需要结合其他分析方法。比如，利用财务报表中相关指标计算各种比率，以反映它们之间的相互关系，从而综合地评价企业的偿债能力、营运能力和盈利能力。

表 6-1 资产负债表 会企 01 表

编制单位：长江实业股份有限公司　　　2018 年 12 月 31 日　　　　　　　单位：元

资产	期末余额	年初余额	负债和所有者权益	期末余额	年初余额
流动资产：			流动负债：		
货币资金	209 409 076.41	262 015 644.70	短期借款	20 000 000.00	20 000 000.00
以公允价值计量且其变动计入当期损益的金融资产	0	0	以公允价值计量且其变动计入当期损益的金融负债	0	0
衍生金融资产	0	0	衍生金融负债	0	0
应收票据	100 000 000	136 404 662.15	应付票据	200 000 000	158 833 597.08
应收账款	48 744 488357	0	应付账款	32 493 116.25	0
预付款项	40 041 961.04	38 427 486.65	预收款项	20 448 477.07	2 930 359.75
其他应收款	1 119 602.84	150 813.16	应付职工薪酬	7 563 338.26	6 404 637.47
存货	332 652 679.34	240 805 631.09	应交税费	1 745 160.76	5 160 705.97
持有待售资产	0	0	其他应付款	0	0
一年内到期的非流动资产	0	0	持有待售负债	0	0
其他流动资产			一年内到期的非流动负债	0	0
流动资产合计	731 967 808.20	678 104 237.75	其他流动负债	0	0
非流动资产：			流动负债合计	1 590 840	
可供出售金融资产	0	0	非流动负债		
持有至到期投资	0	0	长期借款	0	0
长期应收款			应付债券		
长期股权投资	2 173 083.12	0	其中：优先股		
投资性房地产	0	0	永续债		
固定资产	287 481 932.4	195 332 408.33	长期应付款		
在建工程	45 908 199.16	49 292 748.00	预计负债		
生产性生物资产	0	0	递延收益		

续表

资产	期末余额	年初余额	负债和所有者权益	期末余额	年初余额
油气资产	0	0	递延所得税负债	0	0
无形资产	831 966.60	741 206.64	其他非流动负债	0	0
开发支出	0	0	非流动负债合计	25 000 000.00	10 000 000.00
商誉			负债合计	346 026 452.51	253 615 317.47
长期待摊费用	8 117 723.67	0	所有者权益		
递延所得税资产			实收资本	240 000 000.00	150 000 000.00
其他非流动资产			其他权益工具	346 026 452.51	253 615 317.47
非流动资产合计	344 512 944.95	245 366 362.97	其中：优先股		
			永续债		
			资本公积	382 241 084.70	442 241 084.70
			盈余公积	39 803 234.57	27 683 431.09
			所有者权益（或股东权益）合计	730 454 300.64	669 855 283.25
资产总计	1 076 480 753.15	923 470 600.72	负债和所有者权益总计	1 076 480 753.15	923 470 600.72

表 6-2　利润表　会企 02 表

编制单位：长江实业股份有限公司　　　2018 年度　　　　　单位：元

项目	本期金额	上期金额
一、营业收入	538 163 454.86	323 400 755.91
减：营业成本	447 824 402.52	250 274 776.66
税金及附加		
销售费用	5 589 605.64	1 910 063.05
管理费用	30 825 262.92	23 848 936.07
研发费用		
财务费用	-2 507 262.44	-1 313 145.74
其中：利息费用		
利息收入		
资产减值损失	18 540	
加：公允价值变动收益（损失以"-"号填列）		
投资收益（损失以"-"号填列）		2 050 000.00
二、营业利润（亏损以"-"号填列）	58 431 446.22	50 730 125.87
加：营业外收入	8 246 474.74	14 313 615.85
减：营业外支出	674 299.86	445 442.40
三、利润总额（亏损总额以"-"号填列）	66 003 621.10	64 598 299.32
减：所得税费用	5 404 603.71	10 081 111.47
四、净利润（净亏损以"-"号填列）	60 599 017.39	54 518 187.85
五、其他综合收益的税后净额		
六、综合收益总额		
七、每股收益：		
（一）基本每股收益		
（二）稀释每股收益		

表 6-3 现金流量表 会企 03 表

编制单位：长江实业股份有限公司　　　　2018 年度　　　　　单位：元

项目	本期金额	上期金额
一、经营活动产生的现金流量：		
销售商品、提供劳务收到的现金	562 842 812.11	219 113 133.60
收到的税费返还	3 457 163.58	1 177 346.11
收到的其他与经营活动有关的现金	1 784 054.35	4 654 674.36
经营活动现金流入小计	568 084 030.04	224 945 154.07
购买商品、接受劳务支付的现金	471 510 520.52	198 918 722.18
支付给职工以及为职工支付的现金	47 395 759.83	33 330 036.62
支付的各项税费	9 040 395.03	1 759 008.22
支付其他与经营活动有关的现金	6 655 038.03	2 150 694.01
经营活动流出小计	544 601 713.41	236 158 461.03
经营活动产生的现金流量净额	23 482 316.63	-11 213 306.96
二、投资活动产生的现金流量：		
收回投资收到的现金	0	50 000 000.00
取得投资收益收到的现金	0	2 050 000.00
处置固定资产、无形资产和其他长期资产收回的现金净额	495 985.56	2 179 546.22
处置子公司及其他营业单位收到的现金净额	0	0
收到其他与投资活动有关的现金	0	0
投资活动现金流入小计	494 985.56	2 179 546.22
构建固定资产、无形资产和其他长期资产支付的现金	75 772 001.63	114 473 930.28
投资支付的现金	0	50 000 000.00
取得子公司及其他营业单位支付的现金净额	0	0
支付其他与投资活动有关的现金	0	0
投资活动现金流入小计	75 772 001.63	164 473 930.28
投资活动产生的现金流量净额	-75 277 016.07	-110 244 384.06
三、筹资活动产生的现金流量：		
吸收投资收到的现金	0	0
取得借款收到的现金	20 000 000.00	20 000 000.00
收到其他与筹资活动有关的现金	15 000 000.00	0
筹资活动现金流入小计	35 000 000.00	20 000 000.00
偿还债务支付的现金	20 000 000.00	0
分配股权、利润或偿付利息支付的现金	15 334 750.00	0
支付其他与筹资活动有关的现金	605 776.96	17 415.00
筹资活动现金流出小计	35 940 526.96	17 415.00
筹资活动产生的现金流量净额	-940 526.96	19 982 585.00
四、汇率变动对现金及现金等价物的影响	128 658.11	0
五、现金及现金等价物净增加额	-52 606 568.29	-101 475 106.02

下列指标分析的数据来源于报表 6-1 至表 6-3。

（一）公司偿债能力的分析

分析公司的偿债能力，主要是通过资产负债表中的流动资产与流动负债之间的关系、速动资产与流动负债之间的关系、总负债与总资产之间的关系和总负债与所有者权益之间的关系来测算出公司的短期和长期偿债能力。

1. 流动比率

流动比率是指企业流动资产与流动负债的比率,其计算公式为:

$$流动比率=流动资产÷流动负债$$

流动比率是衡量短期偿债能力的最常用的量度。通常而言,流动比率越高,说明资产的流动性越大,短期偿债能力越强。不过,过高的流动比率也可能是存货超储积压导致存在大量应收账款的结果。此外,较高的流动比率也反映了企业拥有过分充裕的现金,不能充分、有效地利用这部分多余的现金的现象。

需要注意的是,在使用财务比率时,一方面必须注意财务报表数据是否经过修改,例如有的企业赶在编制报表日前将借款还掉,下年初再设法借入,以掩饰其偿债能力。在这种情况下,企业的流动比率揭示的信息就缺乏真实性。另一方面,还应注意分析会计期末前后一段时间的变化情况,并比较该企业的流动比率在同行业的水平,或与其他企业进行横向和纵向的比较,以判断趋势。

2. 速动比率

速动比率又称酸性试验比率,是指速动资产同流动负债的比率,它反映企业短期内可变现资产偿还短期内到期债务的能力。速动比率是对流动比率的补充。其计算公式如下:

$$速动比率=速动资产÷流动负债$$

速动资产包括现金、交易性金融资产和应收账款等项目,这些都属于能尽快换成现金的流动资产。通常以流动资产减去存货的数额作为速动资产的数额、速动比率,在衡量拥有流动性较差的存货或存货数量较大的公司的资产流动性时尤为有用。

3. 现金比率

现金比率是指企业现金与流动负债的比率。其计算公式为:

$$现金比率=现金÷流动负债$$

4. 资产负债率

资产负债率,也叫负债比率、举债经营比率。它是指负债总额与全部资产总额之比,用来衡量企业利用债权人提供资金进行经营活动的能力,反映

债权人发放贷款的安全程度。其计算公式为:

$$资产负债率=负债总额\div资产总额$$

资产负债率又称举债经营比率,它用以衡量企业利用债权人提供资金进行经营活动的能力。资产负债率是期末负债总额除以资产总额的百分比,也就是负债总额与资产总额的比例关系。

资产负债率不是衡量短期资产流动性的尺度,而是衡量债权人长期信用风险的尺度。借款金额占总资产的比重越小,企业不能偿还到期债务的风险也就越小。从债权人的观点来看,资产负债率越低,他们的资金就越安全。大多数财务结构合理的公司一般将资产负债率维持在 50% 以下。不过,需要注意的是,财务分析人员应结合行业特点进行具体分析,如银行业的资产负债率一般较高,常超过 90%。

5. 产权比率

产权比率是负债对所有者权益的比率,这一比率是衡量企业长期偿债能力的指标之一。

其计算公式为:

$$产权比率=负值总额\div所有者权益$$

产权比率是用来表明由债权人提供的和由投资者提供的资金来源的相对关系,反映企业基本财务结构的稳定性。一般来说,所有者提供的资本高于借入资本为好,但也不能一概而论。该指标同时表明债权人投入的资本受到所有者权益保障的程度,或者说是企业清算时对债权人利益的保障程度。

(二)公司营运能力的分析

反映公司的营运能力,主要是通过资产负债表中的应收账款或存货与利润表中营业收入或营业成本之间的关系来测算出资产的基本运转能力。

1. 应收账款周转率

应收账款周转率是反映应收账款周转速度的比率,有以下两种表示方法:

(1) 应收账款周转次数,其计算公式为:

$$应收账款周转次数=营业收入\div应收账款平均余额$$

(2) 应收账款周转天数,其计算公式为:

$$应收账款周转天数=360\div应收账款周转次数$$

应收账款周转率是反映企业资产流动情况的一项指标。企业赊销条件严格，则应收账款周转次数会增加，周转天数会减少，还可以减少坏账损失，但也可能会丧失销售商品的机会，减少销售收入；反之，放宽企业赊销条件，则有利于扩大商品销售，增加销售收入，但应收账款周转速度会减慢，更多的营运资金占用在应收账款上，还可能增加坏账损失。由此看来，衡量应收账款周转率的标准是企业的信用政策，分析人员可以将计算出的指标与该企业前期指标、与行业平均水平相比较，判断该指标的高低。

2. **存货周转率**

存货周转率是反映企业存货周转速度的比率，有两种表示方法：

（1）存货周转次数，反映年度内存货平均周转次数，其计算公式为：

$$存货周转次数=营业成本 \div 存货平均余额$$

（2）存货周转天数，其计算公式为：

$$存货周转天数=360 \div 存货周转次数$$

存货周转率是反映企业存货流动情况的一项指标。存货周转次数越多，周转天数越少，说明存货周转越快，企业的实现利润会相应增加；反之，存货周转缓慢，企业的实现利润会相应减少，分析人员可以将计算出的指标与该企业前期指标、与行业平均水平相比较，判断该指标的高低。

（三）公司的获利能力分析

分析公司的盈利能力，主要是通过利润表中的净利润与营业收入、实收资本以及所有者权益之间的关系、普通股股利总额与普通股股份数之间的关系、普通股每股市价与每股盈利之间的关系测算出公司获取利润的能力。

1. **营业利润率**

营业利润率是企业净利润与营业收入净额的比率，其计算公式为：

$$营业利润率=净利润 \div 营业收入$$

营业利润率是反映企业营利能力的一项重要指标，这项指标越高，说明企业从营业收入中获取利润的能力越强。影响该指标的因素有很多，如商品质量、成本、价格、销售数量、期间费用、税金等。企业进行分析时应结合这些具体指标的综合情况加以评价。

2. 资本收益率

资本收益率是企业净利润与实收资本的比率，其计算公式为：

资本收益率=净利润÷实收资本

资本收益率越高，说明企业的资本获利能力越强，对股份有限公司而言，意味着股票升值。影响这项指标的因素包括净利润和企业负债经营的规模，在不明显增加财务风险的条件下，负债经营规模的大小会直接影响该指标的高低，因此分析时应考虑周全。

3. 净资产收益率

净资产收益率反映的是所有者对企业投资部分的获利能力，也叫所有者权益报酬率。其计算公式为：

净资产收益率=净利润÷所有者权益平均余额

净资产收益率，又称股东权益收益率，是净利润与平均股东权益的百分比，是公司税后利润除以净资产得到的百分比率，该指标反映股东权益的收益水平，用以衡量公司运用自有资本的效率。净资产收益率越高，说明企业所有者权益获利能力越强。净资产收益率可能高于也可能低于总资产收益率，这取决于公司如何融资及其营业收入及费用的数量。在我国，净资产收益率既是上市公司对外必须披露的信息内容之一，也是决定上市公司配股等再融资的重要依据。

4. 每股收益

每股收益是股份制企业净利润与普通股股数的比率，其计算公式为：

每股收益=净利润÷普通股股数

从本质上说，每股收益就是每股净利润。只不过这是一种表达方式。

每股收益越高，说明企业的每股获利能力越强。影响这项指标的因素包括企业的获利能力和企业的股利发放政策。每股收益可能是所有财务比率中使用最广泛的比率。每股收益的变动趋势是对未来收益的预期，也是影响公司股票市值的主要因素。

5. 市盈率

市盈率是普通股每股市价与每股盈利的比率，其计算公式为：

市盈率=普通股每股市价÷普通股每股净利润

财务分析者用市盈率来表述公司股票市值与每股收益之间的关系。在公司经营亏损的情况下，市盈率无法计算。

市盈率反映了投资者对公司未来经营情况的预期。市盈率就越高，预期越好。一般来说，公司合理的股份定位为每股收益12～15倍，如果投资者预测公司的每股收益增速较快，那么投资者可以付出的股价将是每股收益的20倍、30倍甚至更高。10倍或更低的市盈率反映了投资者对公司每股收益水平下降的预期。这样一来，股票的价值会被低估。同样，过高的市盈率预示投资者认为公司的每股收益水平上涨，同时也意味着股票价值被高估。

值得一提的是，如果每股收益下降到相当低的水平，股票价格并不会随之跌到相当低的水平。也就是说，尽管公司投资者并不看好公司的盈利前景，每股收益相当低的公司也有可能市盈率较高，这种现象在我国的ST股票中较常见。

（四）公司财务综合能力的分析

利用各种能力的分析方法可以分析企业在偿债能力、资产管理水平、企业获利能力等方面的财务状况。但是，它们都不足以全面地评价企业的总体财务状况以及经营成果。为了弥补这一不足，必须有一种方法能够进行相互关联的分析，将有关的指标和报表结合起来，采用适当的标准进行综合性的分析评价，既能全面体现企业整体财务状况，又能指出指标与指标之间、指标与报表之间的内在联系，杜邦分析法就是其中的一种。杜邦分析法是由美国杜邦公司最先采用的，故称杜邦分析法。这些财务比率之间的关系可以表示如下：

净资产收益率=净资产利润率×权益乘数

权益乘数=资产总额÷所有者权益=资产总额÷（资产总额–负债总额）=1÷（1–资产负债率）

净资产利润率=营业利润率×总资产周转率

营业利润率=净利润÷营业收入

总资产周转率=营业收入÷总资产平均余额

权益乘数反映了所有者权益与资产的关系，主要受资产负债率的影响。该指标越大，表示企业负债程度越高，偿还债务能力越差，财务风险程度越高。这个指标同时也反映了财务杠杆对利润水平的影响。如果公司的权益乘数上升，一方面表明该公司具有一定的融资能力。如果在公司收益较好的年份，可以使股东获得的潜在报酬增加，但股东要承担因负债增加而引起的风险。另一方面也说明了公司的偿债能力面临着压力，公司的经营者应审时度势、全面考虑，在制定借入资本决策时，必须充分估计预期的利润和增加的风险，在二者之间权衡，从而做出正确决策。

资产净利润率变动的原因主要来自营业利润率和总资产周转率两个方面。因此，要进一步从销售成果和资产运营两方面来分析。

参考文献

[1] 唐丽华. 会计学原理 [M]. 沈阳：东北财经大学出版社，2023.

[2] 黄辉，顾飞. 会计学一流专业建设探索与实践 [M]. 成都：西南交通大学出版社，2023.

[3] 刘美欣. 会计学与财政税收管理研究 [M]. 北京：中国商务出版社，2023.

[4] 蔡智慧，绳朋云，施全艳. 现代会计学与财务管理的创新研究 [M]. 北京：中国商务出版社，2023.

[5] 王莉莉，宋宝琳. 会计学原理 [M]. 北京：经济科学出版社，2022.

[6] 张艳萍. 会计学原理及实务 [M]. 上海：上海交通大学出版社，2021.

[7] 袁紫嫣，侯丹. 会计学基础 [M]. 上海：立信会计出版社，2022.

[8] 吴杰，裴潇，李红. 会计学原理 [M]. 北京：石油工业出版社，2022.

[9] 李峰. 会计学与财务分析基础 [M]. 上海：上海财经大学出版社，2021.

[10] 彭嵋逸. 会计学原理 [M]. 北京：中国财富出版社，2021.

[11] 张志康，马洁. 基础会计学 [M]. 成都：西南财经大学出版社，2021.

[12] 李成云，张荷. 管理会计学 [M]. 成都：西南财经大学出版社，2021.

[13] 刘少庚，苏宁华. 会计学原理与实务指导 [M]. 北京：中国农业出版社，2021.

[14] 钱晓岚，马丽英，黄济外. 会计学原理 [M]. 北京：航空工业出版社，2020.

[15] 叶陈刚，刘风明，陆军. 基础会计学 [M]. 北京：经济科学出版社，2020.

[16] 李倩. 高级财务会计学 [M]. 第2版. 重庆：西南大学出版社，2020.

[17] 唐伟. 会计学原理与教学模式研究 [M]. 长春：吉林教育出版社，

2020.

[18] 苏文兵，张帆.管理会计学[M].南京：南京大学出版社，2020.

[19] 王瑞华，刘忠敏.会计学原理[M].北京：石油工业出版社，2020.

[20] 李鸿.基于"云会计"的会计学基础课程教改实践的对策探析[J].财会学习，2022(32)：149-151.

[21] 许玲茜.基础会计学一流本科课程建设与实践[J].科教导刊(电子版)，2021(05)：166-167.

[22] 宋晓文.基础会计学多元化考试改革实践与效果分析[J].教育现代化，2020，7(32)：35-39.

[23] 黄晓晓.基于财务智能化背景的会计学基础课程教改实践刍议[J].中国管理信息化，2021，24(23)：48-49.

[24] 李婉琼，万新焕.混合式教学模式下的基础会计学课程教学活动设计与实践——基于云班课平台[J].商业会计，2021(03)：127-129.

[25] 乔阳，吕琳晖.一流本科专业建设背景下"基础会计"课程思政实践与反思[J].经济师，2023(01)：192-194.

[26] 刘东华.应用型本科院校基础会计学创新实践教学模式[J].中国农业会计，2019(07)：84-87.

[27] 李素萍."翻转课堂"的微课模式在会计学基础课程教学中的实践与探索[J].湖南科技学院学报，2018，39(08)：99-100.

[28] 李君，汪霞，黄小艳.独立学院非会计专业基础会计学课程实践教学的现状及对策[J].产业与科技论坛，2015，14(11)：165-166.

[29] 程婷婷.翻转课堂在会计学课程教学中的实践[J].黑河学院学报，2019，10(09)：127-129.

[30] 张蕾.民办高校基础会计学课程教学体系改革研究与实践[J].佳木斯职业学院学报，2016(04)：199.

[31] 路耀芬.会计学课程思政教育探索与实践[J].产业与科技论坛，2022，21(20)：152-153.

[32] 姜华.会计学专业混合式教学模式实践与探索[J].山西青年，2021(15)：32-33.

[33] 钟岚.基础会计教学改革的探究和实践[J].中国乡镇企业会计，

2020(12)：228-229.

[34] 邝嫦娥，李琼，尉文会. 基于会计学创新人才培育的实践教学体系重构 [J]. 当代教育理论与实践，2020，12(05)：94-101.

[35] 司玉娜，李海霞，张晓龙，等. 线上线下混合式教学模式在基础会计教学中的探索与实践 [J]. 商业会计，2021(02)：108-111.

[36] 唐慧玲. 融合 STEAM 教育理念的会计学基础课程实训改革方案探究 [J]. 中国乡镇企业会计，2023(10)：187-189.

[37] 李娟，雷唐慧，翟诗琦. 基于 SPOC 的"基础会计学"混合式教学研究 [J]. 黑龙江教育 (理论与实践)，2021(12)：72-74.

[38] 陈佳美. 基于 OBE 理念的地方本科高校"基础会计学"课程教学创新研究 [J]. 许昌学院学报，2021，40(03)：145-148.